樂遊義大利

跟著歌劇去旅行

連純慧

打開我心扉，你會看見上面刻著義大利。

英國詩人白朗寧

目錄

馬克白夫妻，怪醜為宜

練習，是通往完美的不二法門

自序～從心靈啟航的義大利歌劇之旅

白頭偕老的戀人

　　英國詩人白朗寧在詩作〈品味無爭〉最末寫道:「打開我心扉,你會看見上面刻著義大利。我和她是白頭偕老的戀人,過去如此,往後亦然。」這首以拉丁諺語 *De gustibus non est disputandum*「個人品味無可爭辯」為題的作品表達白朗寧對義大利風土文化無可動搖、從一而終的真情,從田野、月光、城堡、海邊,寫到內心,儘管詩意邏輯跳躍,卻處處流露他視亞平寧半島為此生摯愛的心念。事實上,白朗寧與妻子伊莉莎白皆為維多利亞時期重要文學家,著作擲地有聲,他們不顧世俗眼光從英倫私奔佛羅倫斯的浪漫一直是口耳相傳的佳話,如今佛羅倫斯政府悉心保留的博物館 Casa Guidi,正是白朗寧夫妻偕獨子居住的寓所,也是愛詩之人行旅佛羅倫斯必會徘徊之地,白朗寧「英國的義大利詩人」之封號絕不浪得虛名!

　　與白朗寧的痴狂相比，我對義大利的著迷或許遠不及詩人誓約，但長年耕耘義大利歌劇的真切勤懇，絕對與詩人一樣篤定，而回顧這來時路的腳印，得從留學費城歲月的義大利情懷開始講起……。

美東的義大利風景

　　由於渴望表演藝術的滋養，費城求學期間租賃的公寓就位在和藝術大道垂直的雲杉街上，方便頻繁品聆費城交響樂團、費城歌劇院以及費城芭蕾的演出。除此之外，我非常喜歡在練完笛後的傍晚時分往西邊走，經過超市，步行至距離住處僅六百多公尺的「聲樂學院」觀摩年輕學子的獨唱會或排練，滿足自幼對劇場藝術的嚮往。「聲樂學院」全名為 Academy of Vocal Arts，簡稱 AVA，它是 1933 年熱衷藝術的企業家夫人海倫‧康寧‧華頓在經濟大蕭條、百廢待舉的艱困時期力挺歌劇的實際行動，但凡通過嚴格試鏡考入學院的學生，都能獲得全額獎學金支持，完成全方位的聲樂訓練，在多元國籍聲樂教師的指導下備妥職業生涯所需的實力，穩紮穩打進入競爭激烈的歌樂市場。天后級的次女高音 Joyce DiDonato、帥氣敬業的男高音 Stephen Costello、獲獎無數正往上爬升的低男中音 André Courville 皆為傑出校友，AVA 不只是全世界最難申請的聲樂學校之一，更是替紐約大都會歌劇院儲備人才的搖籃。我雖非聲樂主修，流連穿梭間卻無形沁潤對劇場運作的瞭然，加上親身在樂池裡吹奏歌劇的經驗，當時的我總隱隱覺得這華麗豐富的藝術型態會是我未來傾注心力的道途，只是尚不知是以什麼形式成就而已。

　　無獨有偶的是，我租屋處的轉角即是費城頗負盛名的義大利餐館 La Viola「中提琴」，這間餐廳小有規模，精緻本店對面另增開寬敞氣派的分店，高朋滿座觥籌交錯，晚餐時段更是一位難求！不過多年前，La Viola 還只是一間空間迷你的家庭餐廳，儘管提供道地義式佳餚，替客人點餐外的時間都說著母語義大利文的老闆全家，包括剛移民來的各路親戚，總是給人親切無拘的暖感，彷若回家吃飯一般。對於習慣自煮的我而言，La Viola 的美味可口永遠是偶爾外食的不二選擇。久而久之，老闆和我逐漸熟識，同樣來自南島的熱情性格讓我們很容易話匣子一開就天南地北聊個沒完，等待餐點的時刻只要他有空，必定態度認真的來教我講義大利文、看義大利菜單，「你一定要學義大利文哪！這裡就是小義大利啊！」是他最常掛在嘴邊的叮嚀。的確，自 19 世紀初葉開始，義大利人大批移居新大陸，就連莫札特的歌劇搭檔達・蓬特亦在此行列中，哥倫比亞大學義大利文系的首位義籍教師、紐約大都會歌劇院前身的「紐約義大利劇院」皆與達・蓬特的名字密不可分。除了費城，整個美東，包括我的老師同學在內，義大利裔人口眾多，而老闆不知有心還無意的「期勉」，深埋了我鑽研語言的種子，跟隨孜矻努力春秋遞嬗，緩緩綻放花朵迷人的馨香。

莫札特的歌劇搭檔——羅倫佐・達・蓬特。

好事多磨的歌劇之旅

　　2012 年夏天，因為任職科技業的先生台北、北京、費城三地飛實在辛勞，我決定放下讀博士的機會回台灣發展，人生有捨才有得，個性合適的婚姻是女人後半生基石，更何況我們 19 歲就相識，對彼此的瞭解使我相信無論做什麼，另一半都會鼎力支持，我對音樂的願景，也唯有靠他佐助才能完成。

　　因緣際會，我在 2013 年 5 月創辦了「純慧的音樂沙龍」，這個以我名義開設的講座完全體現個人風格，注入我對義大利文化語言的涵養，義大利歌劇想當然耳也成為講座的金字招牌。不少對歌劇藝術心生嚮往，或早有接觸卻希望探究更深細節的樂友總能在這裡覓得他們理想中的歌劇講座。每場沙龍前，我必定結合文學音樂雙專業，投入 400 個小時以上的精力將唱詞逐字逐句譯出，畢竟唯有移除語言隔閡，歌樂才可能一賞入心，創造零時差的感動！此外，創作背景、演出軼聞、劇院秘辛、版本比較……等各類知識的交錯穿插，亦是引領喜愛歌劇的心靈透過歌樂窺見大時代樣貌的養分，我期盼大家在走進歌劇世界的同時，也能提升審視歐美，甚至世界歷史變遷的眼光和視野。我經常在現場沙龍或線上沙龍結束的當下，收到愛樂朋友們直呼精彩過癮的迴響，那一方面是對我專注勤懇的肯定，一方面也是歌劇本身迂迴深刻拍打著人心。

　　正因如此，七年多下來，樂友們紛紛興起想隨我共遊義大利的願望，期待可以在正宗的歌劇院、劇院博物館、作曲家故居，以及其它相

關景點現場感受那些我娓娓述說故事的真實氛圍，因為「讀萬卷書」，或說「聽萬首歌」之後的「行萬里路」是將高閣知識內化為生命溫度的真實路徑，親身在劇院與故居現場體驗過的感動往往能沉澱靈魂深處，積累成一生不忘的美好珍藏。

　　然而，即使擁有諸多歐遊經驗，帶團旅行和自己旅行大相逕庭，自己走闖不怕遇到臨時狀況，自如的語言能力及尚稱年輕的體能也無懼行程與預期分岔，偶爾還樂在突發的經驗或驚奇中！帶團旅遊則不同，路線規劃必須流暢、路程鬆緊必須適當、各種備案必須齊妥……諸如種種促使我們夫妻為了創造精緻行旅，專程在 2018 寒冬至 2019 炎夏間連續飛兩趟義大利，利用短居期間把計畫帶大家遊歷的路線拉順，滿懷誠摯將 2020 年秋天豐盛扎實的歌劇之旅端上桌！無奈，疾厲的新冠病毒迅雷不及掩耳橫掃全球，樂友殷切的旅行願景只得好事多磨，等待雲開月明再擇佳期出發。這也是為何，我決定將自己曾經行旅義大利的歌劇視角先透過文字出版的原因，疫情下的旅遊書寫蘊含回顧、反芻，與省思，它是獻給彼此的療癒之書，更是不受時空限制的心靈啟航，書中承載著知識力和聲音力的遠遊，篇篇充滿迎接復甦未來的汨汨能量。

旅遊書寫與翻譯書寫

　　其實行筆這本歌劇旅遊書的同時，我手邊還在撰寫另一套歌劇翻譯書，換言之，我打算將我細細密密替沙龍講座翻譯過的名劇搭配詳盡導

聆逐部出版，讓渴慕歌劇藝術的讀者可以藉由閱讀以及我推薦的錄音版本獨立聽懂一部歌劇，而這份起心動念仍舊是緣於我的丈夫。

　　先生是工程師，是標準理工科系訓練出身的專業人士，成長過程別說古典音樂，就連基礎的藝術素養都相當匱乏。但令人驚喜的是，原本只是好奇，有一搭沒一搭隨我看歌劇的他多年下來不僅潛移默化成古典劇迷，養成關注劇院動態、樂季劇目、歌唱家行程……的習慣，家中更時時飄揚他主動品聆各類演出的聲響，美樂悠揚取代新聞吵雜，堪稱我最成功的「學生」！某日茶餘飯後，他隨口提及：「我想很多人都跟我一樣，不是不想接觸歌劇，而是真的不得其門而入，倘若有好的引導，就像學步的小孩，慢慢的也會自己走！」這句話點醒我嚮往歌樂藝術之人可能遭遇的瓶頸困境，於是講座之外，我開始著手導聆書的出版，目前第一本《威爾第歌劇遊唱詩人導賞與翻譯》已如願問世，往後《茶花女》、《弄臣》……還有其他歌劇作曲家的作品也將陸續推出，相信「旅遊散文＋翻譯導賞」的組合，能創造廣博與細膩兼具的聲音視野，讓歌劇之美，在生活裡如影隨形。

　　這本《樂遊義大利》涵蓋十篇 6000 至 10000 字的遊記外加我們實地拍攝的照片，地點從拿坡里一路蜿蜒到米蘭，有些篇章專注一地一作曲家，有些篇章則以地域或作品為主軸，跨越多位作曲家的人生步履。由於並非旅遊導覽手冊，所以即使附錄推薦景點，也不會有教導旅人該如何規劃旅遊路線的指引，實際上我也沒有按照當時旅行路線的前後來寫作，而是挑選值得著墨的主題誌紀，這點讀者從文章間迥異的季節，

春夏秋冬輪替更迭便可察覺，「歷史文化」和「生活品味」的傳遞才是此書著眼的核心，依循目錄順序閱讀或依循自己心意跳讀皆賞心悅目。唯因內容豐厚扎實，每篇文末又都附上文章提及名曲的 QR Code 滿足視聽，所以我建議閱讀每篇時先賞畢通篇圖文再回頭根據小耳機符號 🎧 聆聽樂曲，如此便能享受透徹理解的趣味，「樂遊」感滿滿！

　　此外，拿起這本書的你或許也曾經對某些城市擁有獨特回憶，或者是將來想造訪該地的心願，因而我盡可能在每篇文章的尾頁空下一方優雅筆記格，希望讀者能在讀罷文字、聽完樂曲的時刻記下閱讀歷程的意識流，可以是過往回顧，可以是將來願想，這方筆記格是邀請大家和我共同成就一本家中書架上獨一無二、個人專屬歌劇旅遊書的心念，透過回應閱讀的書寫，觀照藝術賜予靈魂的感動。

　　推動女權不遺餘力的美國歷史學家瑪莉安・比爾德曾意味深長的說：「**旅行的真諦遠勝遊覽風景，它是一種生命深處不斷更新自我的永恆體現。**」身處世紀大疫的非常時節，這句饒富哲思的名家名言與翻開此書的你共勉，也真心期待來年萬事安好，實現樂遊義大利的機緣！ 🐾

貝加莫

米蘭

維洛納　威尼斯

杜林　克雷莫納

帕爾馬

波隆那

熱那亞　拉文納

盧卡　佩薩羅

佛羅倫斯

義大利著名城市
與書中行旅之地

羅馬

巴里

拿坡里

帕勒莫

卡塔尼亞

紅色字——義大利著名城市
金色字——書中行旅之地或音樂相關景點

攻不下的拿坡里～莫札特的義式情仇

莫札特時代的義大利是一個由多方政權分治的半島，並非一個統一的
國家。北部歸屬哈布斯堡王朝；中部是教皇國；南方則是由西班牙波
旁王朝主導的拿坡里王國。西元 1769 年底，莫札特在父親敦促下巡
迴義大利，一方面炫耀無懈可擊的琴藝，一方面尋覓匹配天資的際遇。
結果，他們會春風得意？還是鎩羽而歸？

啊！一定是因為他的戒指有魔力！

　　氣溫暖和的五月，拿坡里市中心的「藍綠松石憐憫教會」裡裡外外
水洩不通，滿溢的人潮幾乎快把空間有限的禮拜堂擠爆，情緒之高昂遠
勝參加復活節慶典！人們或高談闊論，或竊竊私語，交頭接耳的話題全
都圍繞即將登台彈琴的 14 歲少年。這位少年不是別人，他是薩爾茲堡
小提琴家里奧波德的兒子——4 歲作曲、6 歲訪問維也納，在哈布斯堡
王朝瑪麗亞・特蕾莎女皇面前獻藝的神童沃夫岡・阿瑪迪斯・莫札特[1]。

　　半年前，已經帶孩子炫耀過無數歐洲宮廷的里奧波德眼光看向義大
利，這座靴形半島是音樂起源地，器樂歌樂百花齊鳴，尤其專精結合多
元藝術的歌劇類型。對野心勃勃的里奧波德而言，他不僅渴望巡迴南
方，更必須造訪拿坡里，替 11 歲就嶄露歌劇創作天賦的兒子尋覓問鼎

聖卡洛歌劇院的契機。富麗堂皇的聖卡洛歌劇院是當時統御南義的西班牙波旁王朝最得意的建設之一，6層樓一百多間包廂的奢靡、一千多個座席的寬廣、皇家專屬王座的氣派……儼然宣示政權的燦爛輝煌，為海港鬧市樹立絕代風華。

　　說也神奇，教堂內擾攘的喧嘩在沃夫岡現身的時刻瞬間靜默，大家眼睛緊盯著他行禮如儀的白淨臉龐，屏氣凝神等待他在琴鍵上敲出第一顆音。其實，今日與會的眾人多少聽說過沃夫岡的天才事蹟，他憑琴藝贏得特蕾莎女皇的抱抱親親、折服大不列顛謹慎挑剔的宮廷、感動法國皇后邀他共享美食，甚至南下拿坡里前，還在教皇國展現細膩耳力，破解聲線繁複的〈求主垂憐經〉，驚異嚴肅保守的羅馬教廷！[2] 正因如此，這場獨奏會才會破天荒衣冠輻湊，滿室盡是達官顯貴的狐疑好奇。

聖卡洛歌劇院氣勢凜然的皇室包廂。

　　季節交替的惱人濕氣隨著沃夫岡的優雅抬手無蹤無影，他時而晶瑩、時而絢麗、時而沉鬱、時而澎湃的演繹，讓明明在聲響設計上缺乏強弱變化的大鍵琴[3]歌詠情感豐沛的旋律。琴鍵上游刃有餘的俐落十指、眉宇間歡快享受的陶醉表情，那樣若無其事、輕而易舉的完美令聽眾張口結舌、難以置信！拿坡里向來演奏人才濟濟，鍵盤大師多明尼哥・斯卡拉第敏捷靈

14 歲莫札特的右手小指上戴著閃閃發亮的戒指！

動的技法是巴哈奉為圭臬的聖經，也是拿坡里自古領銜樂界的證據。但，此刻這名外地少年從容獨到的詮釋他們聞所未聞，想要喜歡，卻又不安；情感上不由自主深受吸引，理智上卻警覺清醒應該抗拒！於是某首樂曲止歇的空檔，大家紛紛蹙起眉頭，惶惶議論剛剛聽見的一切，窸窸窣窣吵雜不已。忽然，有人大喊：「一定是因為他右手小指戴戒指的關係！那戒指有魔法哪！就是那只戒指！就是它！」這聲喊叫彷彿扔給溺水者的浮木，眾人竟毫不猶豫激昂附和起來！

　　為了安撫瘋狂盲目的起鬨，沃夫岡環顧四周後毅然站起身，高舉右手脫下戒指，再緩緩坐回大鍵琴前，作勢要重新彈奏。鼓譟群眾見狀，剎那靜悄無聲，可是空氣裡凝結的緊張氣氛足以殺人，如果沃夫岡指尖稍有閃失，必會被認定實力造假，在拿坡里王國留下天大笑柄，就算跳進地中海也洗不清！

　　幸好，初生之犢不畏虎，自幼挺過各種考驗的沃夫岡無懼風浪，淡定泰若音韻流淌，開闊的氣勢、華麗的即興較方才更勝，儘管無法平息所有疑慮，也足夠讓自己琴鍵上的飛簷走壁傳遍拿坡里！

　　不可思議這起「莫札特戒指事件」屆滿 250 年的五月，我就站在藍綠松石憐憫教會門口，吹著鹹鹹海風，莞爾南義賢達無可救藥的迷信。由於教會對街有間蔬果齊全的超市，加上它的位置介於下榻公寓和歌劇院之間，所以喜歡在旅途中嚐鮮食材、烹飪自煮的我們暫居拿坡里時幾乎每天行經此地，重溫莫札特南征的步履。

藍綠松石憐憫教會的外觀及內部，1770 年 5 月，14 歲的莫札特就是在這所兼具孤兒院與音樂學校性質的教會開獨奏會，驚艷拿坡里仕紳賢達。（Photographer: Baku）

海妖賽蓮成就的嶄新之城

事實上，這座處處販售驅邪辣椒的海港萬事不離鬼怪神祇，它的來由就緣於迷媚的賽蓮傳奇，至今憶及，仍令人膽寒顫慄……。

原來在希臘神話裡，賽蓮是半人半獸的處女海妖，群聚西西里附近的小島（是的，賽蓮不只一位！），日日夜夜用天籟美聲魅惑航行者，誘他們靈魂出竅，或迷失方向，或墜入夢鄉，窈寐間不知不覺朝發出悠揚歌聲的礁岩駛去，最終在海潮推波助瀾下連人帶船葬身浪底，成為命喪異鄉的白骨骷髏，難怪傳說中賽蓮聚居的島嶼就被稱作「白骨島」。法國作曲家德布西二十世紀初問世的交響三聯畫《暮光之城三景》之第三景〈賽蓮們〉🎧即以這則神話為想像，試圖模擬海妖的空靈幽鳴。

自古及今，只有兩個人幸運躲過賽蓮歌喉，一位是音樂之神奧菲歐；一位是特洛伊戰爭的英雄尤利西斯。奧菲歐是太陽神阿波羅的兒子，專精里拉琴，他「懷抱金色里拉琴伴唱的歌聲，讓每雙耳朵駐留傾聽……。」[4] 別說世人聞之無語，就連賽蓮們都會為奧菲歐的仙樂木然忘歌，奧菲歐的音樂造詣絕非賽蓮所能及！

至於以木馬計[5] 留名的尤利西斯是智慧與意志的象徵，對峙特洛伊人時是如此，抵抗賽蓮勾魂時亦然。藝術史諸多描繪尤利西斯海上遇賽蓮的畫作中，我特別欣賞英國畫家瓦特豪斯及德萊普的同名油畫《尤利西斯與賽蓮們》。這兩位畫家擅長女性線條、著墨神話題材，神秘柔媚

兼具，生動的故事性更深得我心。

　　在德萊普畫中，英雄尤利西斯為親聆賽蓮嗓音，命令手下用白蠟頭巾搗封雙耳專注搖槳，自己則捆縛船桅嚴防迷惘。瓦特豪斯忠於希臘史詩，將賽蓮們塑造成人頭鳥身的古怪野禽，她們帶著無法擄獲尤利西斯

的挫折近船振翅，困惑的五官反映失落心境，與德萊普作品描摹尤利西斯因為賽蓮歌聲魂不附體的空洞眼神各有風情。而且，德萊普筆下的三尾賽蓮裸身如人魚，神態妖嬌符合當代對這群海上歌姬的想像。

上圖：　英國畫家德萊普的《尤利西斯與賽蓮們》。畫作真跡收藏在英國赫爾市的費倫斯美術館。
下圖：　英國畫家瓦特豪斯的《尤利西斯與賽蓮們》。這幅畫如今收藏在澳洲墨爾本維多利亞國家美術館。

　　宛若某種心理崇拜效應被引發，尤利西斯成功抵禦海妖美聲後，徒然傾戀稀世英豪的賽蓮剛烈投海，屍首隨浪潮漂至拿坡里灣。因此，當古希臘水手落腳拿坡里灣的梅加里德島，就是觀光勝地「蛋堡」一帶創建港灣城市時，即以 Parthenope 為名，它的意思近似「處女的視角」[6]。史流滔滔，Parthenope 的演變亦浮浮沉沉，先有舊城，後有新城，那新城的名稱 Neapolis，無疑等於義大利文轉寫的 Napoli。千年前希臘人對拿坡里的起源賦予如此蜿蜒的傳奇，千年後拿坡里人會對一枚戒指心生懷疑也就不足為奇！

拿坡里灣一景，遠方突出於海岸線的地方即是蛋堡。

咖啡與貝殼的早餐樂想

「有件事我一直想不通……」抵達拿坡里的第四個早晨，先生忍不住邊沖咖啡邊提出他暗藏多日的困惑。「為什麼莫札特要在藍綠松石憐憫教會開獨奏會？那間教會的門面實在是……」

「不太體面？有點破舊？有點寒碜？」先生不好意思直說的形容詞，我一口氣幫他講完。

「嗯……的確。」攝氏 90° 水溫沁出的咖啡香氣，恰恰好搭配南義甜食 Sfogliatella「貝殼千層酥」。這狀似扇貝的點心源自拿坡里東南方薩萊諾省的聖塔・羅莎修道院。18 世紀的某天，修道院的修女們靈機一動，將廚房本來要捨做廚餘的義大利麵糰製成酥皮，再夾入奶油、糖、果乾、檸檬酒等餡料一同烘烤。結果味道出乎意料可口，廣受教區居民喜愛！品嘗過的人一傳十、十傳百，讓甜點師傅們都想學做這款夢幻好物！最後，拿坡里糕點師平陶羅（Pasquale Pintauro）神通廣大拔得頭籌，

南義著名的點心 Sfogliatella，烤熱配咖啡滋味絕佳。

1818 年取得修道院正宗食譜，稍作改良帶回故鄉。從此 Sfogliatella 揚名義大利，還發展出各種花式口味。這也是為何今天南義有烘培坊直接取名 Pintauro 的原因，聰明標榜正統，是生意滾滾的不二法門！

接著，就在溫熱千層酥佐香濃咖啡的早餐時光裡，我悠悠說起藍綠松石憐憫教會的過往曾經⋯⋯。

「你知道我們現在常常說的『音樂院』Conservatorio，是從具有收容性質的教會『保護孤兒』的舉措延伸而來的嗎？」趁著唇齒間的絕美滋味，我娓娓向先生敘述歐洲音樂學校的開端。

「Conservatorio 的原型動詞 Conservare 蘊含『保留保護』的意味。更具體的說，以教會為名的慈善孤兒院『保護』孤兒，讓他們長大後能夠『自存』於世界最好的方式除了給他們吃飽穿暖外，還要栽培他們擁有一技之長，這一技之長，就是音樂。畢竟教會本有儀典配樂的需求，小朋友可以從詩歌合唱開始打基礎，進而探索演奏及作曲。天賦異稟的人會在這個過程脫穎而出，成為未來孤兒院的儲備教師，或，明星作曲家！拿坡里樂派幾個響叮噹的名字，斯卡拉第、裴高雷西、帕伊謝洛、奇馬羅薩⋯⋯都是這種慈善孤兒院訓練出來的優秀人才。不過，他們不見得全是孤兒，因為隨著教學體制日漸完善，慈善孤兒院逐年演化為教會音樂學校，對音樂有興趣的學子只要通過測驗，也可來此求學！這樣你應該明白莫札特為何會在藍綠松石演奏了吧！那裡正是音樂學校的所在，不但能邀請有潛力的藝術贊助者，就是那些支持校務營運的仕紳

賢達見識奇葩，也恰好示範給師生觀摩啊！更有趣的是，在拿坡里五間[7]同性質的教會音樂學校裡，藍綠松石的制服特別顯眼，其他四間學校的學生穿規矩白袍時，他們穿『藍綠色』！你看！」我不顧指尖沾滿貝殼酥的糖粉，抓起手機滑出義大利文送至先生面前。

「你看，這個 Chiesa della Pietà dei Turchini 指的便是『藍綠松石憐憫教會』。Turchini 的單數 Turchino 可以指深藍色，也可以指綠松石的顏色，因而複數 Turchini 指的就是穿著這種顏色制服的學生們。我沒機會親見那款制服，所以就想像成藍綠色吧！」我起身洗手，順道拭去黏在手機上的甜香。

「原來是這樣啊！難怪妳常說教會是西方音樂的核心。要不要吃昨天買的櫻桃番茄？看起來很好吃！」如櫻桃般漂亮成串的櫻桃番茄（Pomodoro ciliegino）是每次造訪義大利必收五臟廟的水果之一，雖然它常見於各類料理，也常被醃漬研磨成番茄乾或番茄醬行銷海外，但烹煮加工怎比鮮採清甜！那紅綠交織的色澤實在誘我饞涎……。

左圖：流傳各種神話奇聞的拿坡里處處可見紅辣椒吊飾，旅人們會買一枚掛包包上，祈求路途平安。
右圖：鮮豔成串的櫻桃番茄是赴義大利旅行的必嘗鮮物！

拿坡里樂派的堅固傳統

　　其實,先生用「破舊寒磣」描述拿坡里不全然不妥。這幾日步行途中,眼目所及的街道凹凸坑疤,巷弄內滿布塗鴉,與米蘭、佛羅倫斯之貴氣南轅北轍,旅人若夜間單行必感害怕。世界名著《紅與黑》的作者斯湯達曾直言:「只要過了(羅馬的)台伯河,就會見識到野蠻奔放的力量!」[8] 莫札特父子這趟 1770 年的拿坡里之行也是有鑑於當時南方道路盜匪猖獗、殺人劫掠,才會從原定的四月延至五月。里奧波德甚至得沿途偽稱宮廷管家,藉之避免無謂的傷害或麻煩。我一直認為,拿坡里是個矛盾的地方,華麗與蒼涼、派頭與骯髒奇異交融,在 18 世紀西班牙波旁王朝光彩統治底下暗湧的是殖民社會的緊張,否則聖卡洛歌劇

拿坡里巷弄一隅。

院每個包廂為何都要掛置大面鏡子？這一切不都是為了控制與監視嗎？
波旁王朝歷代國王是否真心熱愛歌劇無從得知，唯獨可以確定的是，國
王三不五時邀請王公大臣聆聽歌劇的漫長過程裡，他能夠輕易透過鏡面
反照，看盡所有人的一舉一動，窺伺忠心與異心、老實與面具。然而，
儘管波旁王朝蓋劇院的動機立基政治，但就結果論，這項建設的確替拿
坡里凝聚一股不容小覷的藝術勢力，因為有它做盤據地，教會音樂學校
的佼佼者和南義的青年才俊才有舞台發揮，一代接一代無縫傳承，隨光
陰密織出拿坡里音樂家堅固的人脈網絡，自營一條龍的劇場產業，「樂
派」之稱於焉生成。

聖卡洛歌劇院內部。原本，這座劇院的色調應該是象徵西班牙皇室的藍底銀邊，但歷經 1816
年火災和 1943 年二戰炸彈摧殘後，重建的劇院已改為紅底金邊。

　　櫻桃番茄替早餐收尾的時刻，我用 iPad 搭配 Bose 小音箱播放弗雷妮 1969 年秋天悠揚聖卡洛歌劇院的清亮歌聲，弗雷妮與男高音帕華洛帝同齡同鄉，兩人還有同奶媽之緣，是摩德納除了法拉利、藍寶堅尼、瑪莎拉蒂……等名跑外的傲世驕傲！美聲中的弗雷妮 34 歲，正值她嗓音最好時節，技巧純熟、扮相甜美，即使影像古早黑白，那聲音線條裡卻蘊含琉璃絢彩，是我最欣喜的弗雷妮現場之一。

　　「她在唱莫札特的哪一首？」酸甜番茄汁在口中迸開的瞬間，湊過來一起賞樂的先生隨口提問。

　　「她不是唱莫札特，這首是莫札特的偶像皮齊尼的名曲 *Una povera ragazza*〈一位可憐的小女孩〉🎧，很像莫札特的風格對吧！」

　　「皮齊尼是誰？」果然，莫札特的名氣蓋過無數前輩……。

　　「皮齊尼年長莫札特 28 歲，是義大利半島的鞋跟──普利亞大區首府巴里──出生的作曲家，算是拿坡里樂派的台柱之一，他 1760 年在羅馬發表歡喜歌劇《切齊娜，一位好姑娘》後，名氣飆升，颳起一陣『切齊娜』旋風，舉凡餐廳、酒店、咖啡廳、服裝店……都趕流行，紛紛以『切齊娜』命名，當年莫札特才 4 歲呢！這部講述孔奇利亞侯爵與女僕切齊娜的愛情喜劇，由於角色鮮明、音樂豐富大受好評，皮齊

巴里出生的作曲家皮齊尼。

尼還因此被延聘至法王路易十六的宮廷任職。我們在莫札特的歌劇《費加洛婚禮》、《唐喬望尼》、《女人皆如此》，甚至《魔笛》裡都可以聽見他汲取皮齊尼樂思的影子，就連不擅喜劇的威爾第都對皮齊尼五體投地，直誇《切齊娜》是音樂史上第一部真正的喜歌劇！可見拿坡里樂派的影響是多麼無遠弗屆！所以早在莫札特拜訪拿坡里前，德奧作曲家就常有來此地取經者，譬如這位哈塞便是其一。」不等先生回應，我點開哈塞的肖像滔滔不絕講下去。

「哈塞為了學習正統義大利歌劇，千里迢迢從漢堡附近的貝格多夫至拿坡里留學，一待就是 7 年，謙恭敬謹模仿樂風、磨合人事，不知花多少心力才獲得地域性黏著、凡事只認南方人的拿坡里樂界認同，他功成名就後還曾替急欲拓展義大利市場的莫札特父子寫推薦函！」[9]

德國作曲家哈塞。

「妳真正想說的是，莫札特雖然琴藝卓絕，但里奧波德要兒子直接憑天才空降拿坡里談何容易對吧？」水晶盤裡的最後一顆番茄，俐落的被先生送入口中。

「是啊！想要直接空降拿坡里談何容易……」我喃喃複誦先生話尾的片刻，弗雷妮天籟暫歇，播放清單跳出的下一首曲子，竟恰好是與我思緒同步的〈綠蔭之歌〉🎧。

神童空降，不是每個人都買帳

　　對廣播發明具有卓著貢獻的范信達是位熱愛古典音樂的科學家，他1906年耶誕夜在美國麻州以無線通訊設備播送歷史上第一套廣播節目時，將韓德爾悅耳的〈綠蔭之歌〉納入其中，藉留聲機隔空傳遞，成為人類透過廣播聽聞的第一首樂曲。[10]

　　韓德爾年輕時曾在佛羅倫斯麥第奇家族邀請下遊歷義大利，浸潤藝術養分、磨練創作功夫，也結識諸多來自四方的優秀歌者。1738年，定居英國的韓德爾在倫敦發表歌劇《薛西斯》，就票房收益而論，這部描述波斯王薛西斯曲折情愛的劇碼絕非成功之作，但波斯王讚嘆清涼樹蔭的開場詠嘆〈綠蔭之歌〉卻意外成為大眾喜愛的名篇，是音樂會和古典電台的常客。

　　當年首演薛西斯的歌唱家不是別人，他是出生橄欖之城比通托的閹人歌手卡法雷利。卡法雷利天資卓越、毅力過人，唱遍歐陸後又回歸南義，一躍而成聖卡洛歌劇院的招牌明星！根據傳聞，里奧波德帶莫札特炫技拿坡里那年，早已從歌者轉型為劇院經理人的卡法雷利看好莫札特潛能，打算與這位天才少年簽一

閹人歌手卡法雷利。

只合約，試試莫札特作品在拿坡里的接受度。無奈卡法雷利訂立的合約日期不巧和里奧波德先前在米蘭簽的另一紙合約時間衝突，再三協調無法達成共識，迫使里奧波德只得在米蘭和拿坡里兩份合約間作抉擇[11]。

里奧波德最終選擇米蘭，並盤算繞過卡法雷利再與聖卡洛歌劇院議定其它合約，可惜過了這村沒了那店，莫札特和聖卡洛這一錯身，就再也沒有第二次緣分……。

里奧波德與卡法雷利磋商未果後，他轉而向皇室求援，輾轉透過各種門路，懇請拿坡里王國的卡羅琳娜皇后定奪此事，給莫札特為聖卡洛歌劇院寫作品的機會。畢竟卡羅琳娜皇后的母親正是多年前親聞過神童琴藝的瑪麗亞・特蕾莎女皇，望子成龍的里奧波德希冀故舊人情能替兒子初初萌芽的事業帶來助益。

沒想到，事與願違，里奧波德此舉不但惡化他與聖卡洛歌劇院的關係，還促使特蕾莎女皇一刀腰斬莫札特的拿坡里之路！

原來啊，卡羅琳娜皇后知悉里奧波德請求的當下，立即徵詢母親意見，未料女皇厭煩的告訴女兒，里奧波德是位「囉嗦難纏的爸爸」[12]，要卡羅琳娜皇后盡量別親近他！再加上，卡羅琳娜皇后的丈夫——統御拿坡里王國的斐迪南多四世國王——對音樂興趣缺缺，讓莫札特父子在拿坡里看不到前景，只得於 1770 年 6 月底拍拍鼻灰悻然離去，距離戒指事件僅僅四十幾天而已……。

「就算是神童，空降這種事也不是每個人都買帳吧！很多時候能力之前還要有人際！」先生一語中的的評論，將我倏忽拉回 21 世紀。

　　「是啊！里奧波德是標準的直升機父親，自莫札特 6 歲起就急切帶兒子東征西討，從未給小男孩喘息空間，更遑論安定在一地扎根、培養人脈！其實那些年莫札特攻不下的又何止拿坡里呢？他 14 到 16 歲連續三次的義大利之行儘管接連在米蘭上演令聽眾耳目一新的《蓬都王密特里達特》、《阿爾巴的阿斯卡尼歐》、《路奇歐・西拉》等歌劇，但終究難圓里奧波德渴望父子二人都能在義大利宮廷或劇院任職的企圖，就連米蘭大公斐迪南・卡爾想僱用他們，也遭到母親特蕾莎女皇斥責反對！莫札特的樂途要到女皇過世，喜歡音樂的約瑟夫二世接班才平順一些，主政者重不重視藝術，的確左右著音樂家們的命運哪！」話聊至此，我們著手收拾杯盤，準備出門造訪規劃中的歌劇景點。

哈布斯堡王朝的瑪麗亞・特蕾莎女皇。

天才不生不滅，他們永恆

　　短居拿坡里期間我們前前後後朝聖不少作曲家，唯獨莫札特令人牽腸掛肚，他聰明的眼睛時時在我心中閃眨，引領我多次流連藍綠松石憐憫教會，彷彿魔法戒指一直靜靜躺在那兒散發幽光。

　　臨行海港前一日，依依不捨漫步夕陽堤岸時先生忽然意志昂揚立下豪語：「明天去佛羅倫斯的火車上我一路都要溫習《唐喬望尼》，兩週

後我們要在威尼斯欣賞的演出有歌唱家 Francesca Dotto、Juan Francisco Gatell[13]……一定很精彩，我要全部聽懂才行！義大利似乎較少上演德奧作曲家的歌劇，連華格納都不常見，莫札特卻演得這麼頻繁！」

是啊！莫札特卻演得這麼頻繁！乘著鹹鹹海風的我不禁莞爾，莫札特真的攻不下拿坡里、攻不下義大利嗎？百年春秋的流轉遞嬗，已給了最好的答案。

希臘哲人亞里斯多德曾說：「天才不生、天才不滅，他們永恆。」[14]這句睿智箴言是古往今來對莫札特匆匆一世的最佳註解。❧

聖卡洛歌劇院外觀。

上圖：停留拿坡里期間於聖卡洛歌劇院觀看普契尼歌劇《蝴蝶夫人》，謝幕時快手拍下的照片。
下圖：與公寓女主人合照，深深感受南義人的熱情。

翁貝托一世拱廊街大門正對著聖卡洛歌劇院。

🎧 影音欣賞：

1. 法國作曲家德布西的交響三聯畫《暮光之城三景》之第三景〈賽蓮們〉

2. 皮齊尼歌劇《切齊娜，一位好姑娘》名曲〈一位可憐的小女孩〉

3. 韓德爾歌劇《薛西斯》名曲〈綠蔭之歌〉

影音連結：https://pse.is/3lgfl5

景點推薦：

1. 藍綠松石憐憫教會

2. 聖卡洛歌劇院

3. 蛋堡

4. Pintauro 烘培坊

掃描 QR Code 可看到景點在 Google map 上的位置及其相關資訊

讀完莫札特與拿坡里的文章後，對於音樂或旅行有任何感想嗎？
倘若擁有關於拿坡里的回憶，或者將來想造訪拿坡里的願景，
不妨也試著用文字記錄下來吧！

注釋

1. 莫札特 6 歲訪問維也納時，曾在美泉宮著名的「鏡廳沙龍」獻藝瑪麗亞・特蕾莎女皇。女皇對小男孩的才華讚譽有加，不僅賜給小莫札特許多禮物，還將他抱在雙膝上親吻，羨煞眾人。更多關於莫札特兒時的故事，請聆聽連純慧音頻線上課程「古典時期的維也納三傑」，訂閱網址請掃：

2. 關於莫札特驚異羅馬教廷的事蹟，請閱讀連純慧，《威爾第歌劇遊唱詩人導賞與翻譯》（德馨繪創，2021），頁 184。

3. 歷史悠久的大鍵琴同時隸屬於「撥絃樂器」和「鍵盤樂器」，發聲原理主要倚賴琴身內的撥子撥絃；後來的鋼琴則同時隸屬於「打擊樂器」和「鍵盤樂器」，發聲原理主要運用琴身內的琴槌敲擊琴絃。緣此，大鍵琴在變化大小聲音量時遠遠不如後來敲槌原理的鋼琴。演奏家們如果想要在演奏大鍵琴時有比較明顯的音量變化，就必須依靠「增音裝置」，亦即「開關琴身裡增置的板條」來增強音量，這也是為何大鍵琴演奏家要做音量變化前，都會快速往琴身側邊一摸來開關板條的原因。莫札特能在音量變化不易的大鍵琴上將音樂詮釋靈動絢麗實在不簡單，絕不浪得神童虛名！

4. 這句形容奧菲歐歌聲的唱詞，出於作曲家蒙台威爾第的歌劇《奧菲歐》。原文為 *"Io sù Cetera d'or cantando soglio...Ed ogni auretta in suo cammin s'arresti."*

5. 特洛伊戰爭中，希臘軍隊與特洛伊人對峙十年未果。於是尤利西斯心生一計，讓希臘戰士們躲入特製的大木馬中，瞞騙特洛伊人懦弱的希臘軍隊已棄守。同樣苦熬長年戰事的特洛伊人輕信此計大開城門，結果被衝出木馬的希臘士兵打得落花流水，由此可見尤利西斯過人的戰謀及膽識。

6. Parthenon 在希臘文中是指「處女」；ope 則帶有「視」的意涵，因此 Parthenope 可理解為「處女的視角」。事實上，位於雅典衛城，祭祀雅典娜女神的「帕德嫩神廟」，轉寫也是用 Parthenon 這個字。

7. 拿坡里五間兼有孤兒院性質的音樂學校已經在 19 世紀初期合併為「馬耶拉聖伯多祿音樂學院」（Conservatorio di San Pietro a Majella），亦即世人熟知的「拿坡里音樂院」。作曲家貝里尼、指揮家慕提（Riccardo Muti, 1941-）都是這間學校的傑出校友。

8. 旅行途中的聽聞（作者紀錄）。

9. 更多關於莫札特和哈塞的故事，請閱讀本書〈藍天、月亮，與微風～克雷莫納小鎮琴懷〉，頁 167。

10. 即使此次廣播的真實性至今仍有爭議，但科學界基本上還是認定范信達 1906 年耶誕夜在麻州的廣播試驗是人類使用廣播以及製作廣播節目的始祖。

11. Luciano Mangiafico, *Mozart in Naples*, Naples Life Death and Miracles, http://www.naplesldm.com/mozart.php （2019 年 12 月 01 日檢索）

12. 同上。

13. 這兩位是當今歌劇界炙手可熱的歌唱家，經常在莫札特歌劇《唐喬望尼》中演唱 Don Ottavio 與 Donna Anna 的角色。

14. 根據流傳，這句智慧箴言是出自希臘哲人亞里斯多德之口，但考證上查不到亞里斯多德是在哪部語錄或著作中講過這句話，特此說明。

金色翡冷翠～時光長廊裡的《馬克白》

《馬克白》是莎士比亞最短的悲劇，也是威爾第唯一在佛羅倫斯首演
的作品。蘇格蘭將軍馬克白凱旋途中受到女巫們慫恿萌起弒君之念，
遂與夫人趁夜深人靜殺死鄧肯國王，最終自己也遭死亡報應。這樣一
齣劇碼，威爾第如何讓它在托斯卡納的百花名城熠熠閃亮、迸發金光？

「低顏值、醜嗓音」才是我要的女高音！

火車駛進托斯卡納丘陵的瞬間，一排排蜿蜒可愛的絲柏樹印入眼
簾。這分布於地中海沿岸的常綠向來是我最喜歡的柏科植物，不僅外形
討喜、香氣怡人，旅行途中將其枝葉萃取的精油調合至乳液或按摩油
裡，對辛勞奔走的雙足而言真是撫慰療癒！

按照原本的規劃，我們離開拿坡里後應該直奔羅馬，欣賞羅馬歌劇
院糖果夢幻的《灰姑娘》。法國作家夏爾・佩羅年近古稀時的經典童話
被創造力活躍的羅西尼賦予音律，1817 年譜成歌劇搬上羅馬瓦萊劇院[1]
舞台，因此自古即今羅馬當地製作的《灰姑娘》總是特別絢麗繽紛，令
人無比期待！不過，由於距離預定要觀看的場次尚有幾日，所以我靈機

一動，先穿過羅馬北往佛羅倫斯，去百花之城探幽 1847 年春天首演歌劇《馬克白》的佩格拉劇院，尋訪威爾第三四少壯的創作蹤跡。

西元 1925 年，新月派詩人徐志摩摯情抒發的〈翡冷翠的一夜〉賦予佛羅倫斯浪漫空靈的名字，讓世代文青對這個義大利心臟地帶的城市充滿想像。事實上，「翡冷翠」本來就是義大利文 Firenze 的直譯，只不過中文文字柔水輕羽的形體太玄妙[2]，使得大家都不由自主愛「翡冷翠」遠多於英語 Florence 的音譯「佛羅倫斯」，鮮少有例外者。奇異的是，拿坡里中央車站上車時還沉浸濃濃徐式情懷的我，越靠近目的地就越浪漫不起來，因為我腦海裡不斷盤旋的不是詩作〈翡冷翠的一夜〉，而是屬於佛羅倫斯的歌劇《馬克白》。這部歌劇 1847 年佛羅倫斯問世後，隔年即將在拿坡里聖卡洛歌劇院亮相前[3]，注重演出細節的威爾第曾強勢寫了一封叮囑信給劇院的經理人，這位未來的大師在信中說：

「……您知道我對塔多利尼的評價有多高，她本人也清楚這一點；但我堅信為了所有人好，我必須向您提出一些意見。塔多利尼的特質對於（馬克白夫人）那樣的角色來說實在是過度漂亮了！這樣講您也許覺得匪夷所思……塔多利尼擁有美麗且迷人的容顏，但我想要的馬克白夫人是醜陋又邪惡的型；塔多利尼歌藝完美，但我不想要馬克白夫人張口美聲；塔多利尼音色無瑕，澄澈、透明、有穿透力，可是我要馬克白夫人展現尖銳、混沌、空洞黑暗的聲音；塔多利尼的嗓子宛如天使甜美，但我要馬克白夫人接近惡魔的猙獰！」[4]

　　威爾第字裡行間反覆提及的塔多利尼是 19 世紀最重要的女高音之一，她出生義大利東北方人口稀疏的小城弗利，19 歲佛羅倫斯出道後唱遍義大利各大劇院，替當時重要的作曲家們創造歌劇要角，就連維也納、巴黎、倫敦也都有她引吭高歌的曼妙身姿。在美聲唱法至上的年代，塔多利尼是極為優秀的歌唱家，加上她長年專任聖卡洛歌劇院的首席女伶，威爾第《馬克白》的拿坡里初見面，女主角捨她其誰？偏偏，歌劇《馬克白》中的馬克白夫人背負慫恿丈夫馬克白弒君奪位的重責大任，妖邪之氣怪誕陰沉，因此講究歌者外型必須貼合角色形象的威爾第顧不得可能得罪同行的風險，無論如何都要傳達他細膩挑剔的表演理念。

氣質優雅的義大利女高音塔多利尼被威爾第認為她對於馬克白夫人一角而言，太美麗。

　　我的飄渺思緒隨著車速逐漸緩慢下來，當身旁戴耳機聽歌劇的先生闔上 iPad 準備收拾背包時，佛羅倫斯的「新聖母瑪利亞車站」已近在咫尺。由於此處是大站許多人要下車，我們索性好整以暇，不疾不徐等大多數旅客走離車廂再拿取行李。透過車窗往外看，傍晚的天色層次分明，金黃基底暈染出的柿橘赭紅燦爛艷媚、戲劇性十足，似乎預告什麼驚天動地的大事即將發生！我想，蘇格蘭將軍馬克白和他的同袍班柯（Banco）凱旋歸營途中就是看到這樣的天空吧！猶記歌劇開頭馬克白登台就說：「我從來沒有見過如此傲慢又美麗的天色！」而一旁的班柯也附和：「未曾有過這樣的光芒！」啊！巧藉「天有異相」預示反叛謀

命的劇情主軸，當年佛羅倫斯的《馬克白》首演必是精采迷人！搬下行
李跨落月台的時刻，我感覺自己的心仍流連 19 世紀的光影之間……。

上圖：夕陽下的金色佛羅倫斯，攝於米開朗基羅廣場。
下圖：阿諾河與老橋的河上風光。

餐桌上的莎士比亞

「你知道英國煙火節的由來嗎？」我邊用湯匙將香噴噴的燉飯送入口，邊出題目考先生歐洲文化史。

位於佛羅倫斯老橋附近的 Buca Poldo 是我們很喜歡的家常餐廳，每次來佛羅倫斯，一定先到這裡填飽肚子。他們清爽的章魚菠菜燉飯，以及生熟恰到好處的托斯卡納牛排相當符合我們低醣少麥麩的飲食習慣，是可以盡興品嘗的美食。雖然在美國歐洲求學遊歷多年，我對於融合大量奶油起司的濃郁料理一直望而生畏，畢竟過度的卡路里有礙健康，更何況真正高明的燉飯憑的是高湯熬煮，並非粗糙奶蓋，所以 Buca Poldo 的烹飪手法深得我心。

佛羅倫斯老橋附近的家常餐廳 Buca Poldo 及其菜色。

「為什麼突然說英國？我們現在是在義大利！」擅長廚藝的先生帥氣切下一塊牛排，叉著在我眼前晃了一圈……。

「因為，《馬克白》被威爾第譜成歌劇作品前，是英國文豪莎士比亞最短卻最有張力的悲劇，它的誕生跟英國煙火節的由來密不可分！」我的嘴角露出一抹得意微笑。

「喔？這又是什麼典故？」先生的好奇心被我挑起，於是接下來晚餐的配菜，就是這段歷史延展成藝術的迂迴。

「你記得幾年前我們看過的影集《風中的女王》🎧 嗎？《風中的女王》講述的是蘇格蘭瑪麗一世女王紅顏薄命的故事，儘管影集內有許多誇張不實的情節，但它的確點出瑪麗一世曲折坎坷的人生……。這位公主的父親是蘇格蘭的詹姆士五世國王，他在女兒六天大時疑似飲用不潔水源，細菌感染撒手人寰。之後，以孤女身分繼承王位的瑪麗淪為政治工具，六個月大就被攝政大臣們應允的《格林威治條約》簽給英格蘭亨利八世的兒子愛德華。然而那幾年政局詭譎，原本預計 10 歲要嫁給愛德華的瑪麗後來非但沒有前往英格蘭，反倒聯姻法王亨利二世的兒子弗朗西斯。慘的是弗朗西斯超短命，16 歲早逝，讓頓失依靠的瑪麗為了生存結了一次又一次的婚，丟掉蘇格蘭王位不說，甚至還在求援英格蘭表親伊莉莎白一世的過程裡遭到軟禁，44 歲被斬首！」我舀了一勺燉飯旁鮮紅的番茄湯潤喉，順便等著先生對這位苦命女王的反應。

「伊莉莎白一世為什麼殺她？」果然……。

「原因有很多，但生死關鍵脫離不了蘇格蘭的瑪麗一世是天主教徒，英格蘭的伊莉莎白一世是新教徒，你也知道，西方的政治和宗教總像打結糾纏的毛線球，不過啊不過，命運的弔詭之處就在這裡，伊莉莎白一世雖然處決了瑪麗，但她終生未婚、膝下無子，所以她 1603 年 69 歲駕鶴西歸後按照族譜順位，繼任者竟然是瑪麗的兒子——蘇格蘭的詹姆士六世國王！」眼看朵頤牛排的先生聽得津津有味（或吃得津津有味！），我乾脆繼續滔滔不絕……。

「詹姆士六世得知自己順利繼位，便南下成為『英格蘭的詹姆士一世國王』，同時統御蘇格蘭與英格蘭，權力之大超越這兩地從前任何一位君主[5]。諷刺的是，先前遭伊莉莎白一世冷落的英格蘭天主教徒們對詹姆士一世寄予厚望，企盼這名來自蘇格蘭的瑪麗之子，能夠恢復天主教的昔日榮光！未料，詹姆士一世上任後對宗教的態度不符合天主教徒們的期待，於是一群以羅伯特・蓋茨比為首的狂熱分子憤而雇用火藥專家蓋・福克斯，計畫在 1605 年 11 月 5 日詹姆士國王赴上議院開會時一舉炸死他！沒想到，這樁弒君的密謀意外被天主教議員蒙特伊格男爵外洩，導致行動失敗，相關人士被捕，全數處以類似五馬分屍的車裂極刑！這就是為何今天英國人每逢 11 月 5 日便放煙火、升篝火，焚燒蓋・福克斯紙人的緣由，所謂的英國煙火節就是這樣來的！」我又舀了一匙湯送入口中，番茄湯真是義大利人的強項，熬爛的外皮果肉搭配香料肉末，精彩滋味絕不遜於煙火節的高潮起伏。

「那這與《馬克白》有什麼關係？」享用完牛排的先生邊提問邊將我吃不完的燉飯端過去，打算清空。

「當時啊，擔任英格蘭皇室劇作家的莎士比亞從這起火藥陰謀事件得到靈感，立刻根據史學家荷林塞編纂的《英格蘭蘇格蘭編年史》裡蘇格蘭將軍馬克白的故事創作話劇《馬克白》，大受皇室與民間歡迎，還啟迪兩百多年後威爾第譜寫歌劇的主題。你想想，馬克白暗夜刺殺蘇格蘭國王就是一種戲劇對現實的隱喻嘛！警示世人刺殺國王是自取滅亡。記得吧！馬克白夫妻的末路也令人感慨！夫人精神脫序而死，馬克白則命喪正義刀下……」話語未落，認識我們的侍者倒了兩小杯自家釀製的檸檬酒來向我們打招呼，熱絡的閒聊彷若歌劇中場休息品嘗咖啡醇酒的吧檯，只不過我的劇院是在明天上午，那古色古香的佩格拉。

高齡超過 360 歲，古色古香的佩格拉劇院。

前往佩格拉劇院的巷弄間，舉頭可望見著名的聖母百花聖殿。

磚橘色的佩格拉

隔天一早我們在公寓簡單吃完早餐後，就朝聖母百花聖殿方向前進，這座佛羅倫斯的地標永遠環繞人潮，似乎璀璨奪目的麥第奇家族從不曾從歷史舞台退場般。事實上，離聖母百花不到十分鐘路程的佩格拉劇院也是麥第奇家族所蓋，因此行經聖殿的剎那，頗有踏入麥第奇銀行世家金庫大門的尊榮感。世代麥第奇引領佛羅倫斯的過程毀譽參半，他們操弄政治心機、金權遊戲，也撐持文化根基、藝術底蘊。不僅赫赫有名的多那太羅、米開朗基羅、瓦薩里……等大師得其贊助成就經典，就連歌劇的起源、小提琴的傳播、香水的萃取……亦與麥第奇家族緊密相連 [6]。1656 年，麥第奇家族為了慶賀家族婚禮興建佩格拉劇院，莫札特、董尼采第、威爾第、馬斯康尼的作品都曾在此發光，歌樂長廊上也算擁有一頁輝煌。儘管今天這座高齡超過 360 歲的老劇院已停演歌劇，但只要提到《馬克白》，它的名字便歷久彌新 [7]。

穿梭巷弄間，磚橘顏色的佩格拉一個轉彎跳進視野，牆面翠綠薜荔的妝點呼應節氣，讓沐浴朝陽的步伐都雀躍起來！我激動加快速度，鞋跟踩石板路的回音隨之噠噠噠噠，迫不及待想趕赴百年前莎士比亞和威爾第在《馬克白》裡交會的風華。

古代劇院的規模本來就比較小，僅有 1000 個觀眾席的佩格拉也不例外，它的義大利文名稱 Pergola 指的是屋簷延展相接，使通道具有遮蔭功能的「涼棚」，完全取自坐落涼棚路上的樣貌及位置。然而即使佔

地有限、屋齡資深，不朽經典曾經光臨的榮耀卻是這座老靈魂最大的驕傲。在今天售票處側門入口的上方，一面大理石牌匾刻著：

「佛羅倫斯市與文明世界都為失去威爾第哭泣，他是當代旋律之王，以及全義大利熱情洋溢民族情感的詮釋者。謹以此牌匾銘記他曾為這間劇院創作的《馬克白》，這部歌劇 1847 年 3 月 14 日晚上在至尊大師本人的帶領下於此地進行首演。」

我們由牌匾最上方羅馬數字標示的 $\overline{XXVII}$ GENNAIO $\overline{M \cdot DCCCCI}$（$\overline{27}$ 1 月 $\overline{1901}$）可以得知，這必然是威爾第 1901 年 1 月 27 日米蘭辭世後，佩格拉為哀悼大師製作的紀念碑，碑文還特別提及《馬克白》和劇院的緣分。的確，威爾第是國寶，他自幼對文學的熟稔讓他在長壽的職業生涯裡能隨心所欲將名著改寫為歌劇，並且賦予正統義式的熱切風情，曲曲都唱進義大利樂迷內心。威爾第 87 年人間歲月留下的文化資產替義大利創造無限經濟價值，許多劇院週邊的產業，如觀光、服裝[8]、印刷、餐飲⋯⋯等，都與威爾第風靡世界的劇目緊密相連，我們不也是因為喜愛《馬克白》，才慕名來到這裡！

有意思的是，我仰望佩格拉大理石牌匾的當下，腦海卻浮現一個未被刻在牌匾上的重要名字。沒有他，佩格拉不可能在歷史沙灘上留下足印；沒有他，威爾第在佛羅倫斯問世的劇碼就會等於零。

XXVII GENNAIO M·DCCCCI

IL COMUNE DI FIRENZE
PIANGENDO COL MONDO CIVILE
PERDUTO IN GIUSEPPE VERDI
IL PRINCIPE DELL'ARTE MELICA CONTEMPORANEA
E CON TUTTA ITALIA
L'APPASSIONATO E POTENTE INTERPETRE
DEL SENTIMENTO NAZIONALE
VOLLE QUI RICORDATA
LA PRIMA RAPPRESENTAZIONE DEL MACBETH
SCRITTO PER QUESTO TEATRO
E DIRETTOVI DAL SOMMO MAESTRO
LA SERA DEL XIV MARZO M·DCCC·XLVII

上圖：　　佩格拉劇院外觀，文章提及的大理石牌匾嵌於右門上方。
左下圖：　劇院內部一景。
右下圖：　紀念碑放大圖，上頭誌刻威爾第歌劇《馬克白》與劇院的緣分。

歌劇經理人拉納里

　　如果說 19 世紀的歌劇市場是掌握在經理人手裡，這句話一點也不誇張！畢竟在尚無電信網路的時代，長年打滾劇界的經理人就是主導人事命脈的中樞，從歌劇院、作曲家、歌唱家、作品選題，甚至是疏通主管機關[9]，經理人無役不與！雖然大多數的愛樂人對他們並不熟悉，但他們才是亮麗舞台幕後真正操盤的靈魂人物，份量足以左右大局。

　　米蘭是威爾第事業起飛的城市，歌劇《聖女貞德》以前，威爾第和米蘭斯卡拉歌劇院的經理人梅雷里維持極深的聯繫，若非梅雷里未經威爾第同意擅自將《聖女貞德》總譜賣給出版商，導致兩人信任破裂，其它經理人對威爾第的創作恐怕很難有施力的餘地。智識才幹兼備，又同時握有義大利多間劇院權限的拉納里，就是一直在等待機會簽下威爾第的經理人之一。

　　回顧 19 世紀四大劇場經理人：梅雷里、巴爾巴亞、拉納里和亞科瓦奇，拉納里是營運手法最細緻的一位。不像利用賭場生意炒熱劇院氣氛的巴爾巴亞[10]，也不像魚販出生精打細算的亞科瓦奇，拉納里拿下佩格拉經營權後，有鑑於自身對表演各個環節的要求，他乾脆運用佛羅倫斯絲織手工的優勢，開設劇院專屬的裁縫坊，設計、打樣、選布、修改……一條龍包辦，不只供應自己旗下的劇目，更兼做戲服買賣出租，幾乎義大利的歌唱家人人都穿過來自拉納里裁縫坊的服飾，甚有指明量身訂製者。拉納里藉由這樣的方式，將原本僅僅透過抽成賺錢的經理人

提升到參與藝術的層次，因為戲服的款式色澤也是演出的一部分，貼合戲劇氛圍的服飾，絕對能替樂聲大大加分！

1845 年前後，早就關注威爾第走向的拉納里正式與作曲家議定合約，一口氣簽下《阿提拉》[11] 和《馬克白》，前者安排給威尼斯鳳凰劇院，後者則歸屬拉納里的基地佩格拉，而《馬克白》也是威爾第 28 齣歌劇中，唯一在佛羅倫斯問世的偉作。換言之，假使沒有拉納里的目光慧眼，佛羅倫斯必然在歌劇光譜上抱憾！從某個層面來說，拉納里與威爾第是注定相合的組合，他們對細節的斟酌（拉納里連戲服亮片縫哪裡都要管！）、對完美的渴望，使彼此在搭檔的過程裡能不厭其煩把成果推到極限，逼出歌劇最閃亮的一面。關於這點，我們從拉納里任憑威爾第用異於潮流的標準挑選歌者，以及《馬克白》首演當天放任威爾第「折磨」歌唱家的舉動就可以窺知一二……。

馬克白夫妻，怪醜為宜

大概是源自對莎士比亞的崇拜，勤勉自律又完美主義的威爾第創作與排演《馬克白》期間變本加厲，幾乎要將包括他自己在內的所有人都逼瘋！歌劇寫到一半突然換掉合作多次的劇本作家皮亞韋不說 [12]，威爾第還密集寫信給拉納里，確認演員、布景、合唱團、樂團……全部的事宜都按照他的意思進行。此外，他對男女主角——馬克白及馬克白夫人——的挑選，更是前所未見的謹慎，唯恐無法覓得他心目中的最佳人選。

我曾經在《威爾第歌劇遊唱詩人導賞與翻譯》一書寫道:「對威爾第來說,好的聲音不一定是優美的聲音,好的聲音是表情正確的聲音。」[13] 實際上不必等到《遊唱詩人》,威爾第在《馬克白》時期就積極實踐他對戲劇歌聲的理念。

1840 年代,專擅義大利美聲唱法的歌唱家數不勝數,無瑕的聲線、炫耀的花腔是歌樂舞台至高的標準。可是,過度追求表面聲響的結果往往使戲劇內涵流於空洞。正因如此,信奉「戲以載道」的威爾第在選擇《馬克白》男女主角時刻意拆除美聲框架,毫不猶豫劃破聲音成見,朝他認為正確的視聽作抉擇。威爾第決定要讓相貌毫不起眼的男中音瓦列西唱馬克白後曾說:

首演《馬克白》男主角的男中音瓦列西。

「瓦列西是今天義大利歌唱家中唯一能實現我想法的人,他的風格、他的感受力,還有他的外型都是。其餘的歌者就算技巧強過他,也沒辦法將馬克白的角色詮釋成我想要的樣子⋯⋯。」[14]

至於馬克白夫人,威爾第的品味更特異。原本,威爾第屬意的人選是德國女高音蘇菲・羅威,但或許得知馬克白夫人需扮醜中之醜,羅威遂藉墮胎之故推辭了這份邀約。於是,威爾第轉而詢問佛羅倫斯本地的女高音芭畢耶里 - 尼尼。

首演馬克白夫人的女高音芭畢耶里 - 尼尼。

在芭畢耶里 - 尼尼豪氣應允下，威爾第幸運獲得一位他超級滿意的馬克白夫人，因為根據英國樂評家亨利‧切利的回顧：

　　「用『難以入目』形容芭畢耶里 - 尼尼女士算好聽了！那種深具表現力的醜陋的確可以在舞台上達到相當的效果……她給觀眾帶來的不舒服鋪天蓋地，是令人想拔腿快逃的恐怖！」[15]

　　難怪隔年《馬克白》要在拿坡里聖卡洛歌劇院登台前，威爾第又再次叮嚀萬萬勿用太美麗的塔多利尼。

佩格拉劇院觀眾席一景，該晚上演的是莎士比亞話劇。

練習，是通往完美的不二法門

　　然而，即使瓦列西搭配芭畢耶里－尼尼大大滿足威爾第，排練過程對歌唱家而言依舊不容易！有一則廣為流傳的故事，就發生在佩格拉劇院側面，靠近舞台的排練室裡。

　　1847 年 3 月 14 日《馬克白》首演當晚，穿好戲服、化完濃妝的瓦列西和芭畢耶里－尼尼待在後台準備演出。此時，人明明應該在指揮休息室醞釀情緒的威爾第突然快步走來對兩位歌者說：「走走走！隨我來！我們把大二重唱再練一次！」威爾第口中的大二重唱，指的是第一幕第二場，馬克白暗夜刺死沉睡的蘇格蘭國王後，和夫人合唱的〈與我同命的夫人〉🎧，這首重唱是歌劇《馬克白》最著名的旋律，不僅將馬克白的懦弱刻畫入微，更凸顯夫人貪婪心性在奪權之路上的強勢主導。它是整部歌劇的高潮，能否驚豔觀眾的耳目全憑這一曲，所以威大師格外重視，無論如何都要在開演前多確認一次！

　　「可是觀眾們都已經入座，馬上就要開演了！」瓦列西向威爾第抗議。

　　「上台前再練一次！」威大師也很堅持。

　　「可是我們兩個人穿著戲服、化著濃妝，這樣走出後台繞到排練室不好吧！萬一不小心給觀眾撞見怎麼辦？扮相會破梗啊！」瓦列西企圖找理由說服威爾第……。

「走走走！」威大師依舊頑固。

「可是那首大二重唱我們都練150次了！已經唱得很熟、天衣無縫，沒問題的！」瓦列西繼續掙扎。

「喔，已經練150次啦……那你馬上就會練第151次！」威大師果然是「沒有最好、只有更好」的實踐者！

拗不過威爾第的瓦列西心不甘情不願跟隨威爾第走至排練室，和與他同命的芭畢耶里-尼尼將〈與我同命的夫人〉再唱正式亮相前的最後一回。芭畢耶里-尼尼曾對媒體憶述，那個當下瓦列西臉色鐵青，似乎想將馬克白將軍腰際的配劍直接朝彈琴的威爾第砍過去！[16]

雖然，這則151次的誇張只是口耳相傳軼事之一，但它的確傳神描繪了威爾第細節控的性格，他的不怒自威，堪稱古往今來最淡定激勵教練，總能在夾縫關鍵時刻，持續壓擠出歌者超乎尋常的潛能！《馬克白》在大師細密監控下，首演謝幕高達38次！如此斐然的成績是對威爾第努力完美的香甜報償，也是對歌者辛勤苦練的無價犒賞！

「那位想砍威大師的瓦列西是不是後來唱《弄臣》的那名男中音？」隨我步行至佩格拉劇院側邊尋找排練室小門的先生拋出了這個有深度的問題。

　　「是啊！瓦列西跟威爾第的情誼是不打不相識！他後來除了創造《弄臣》一角外，歌劇《茶花女》裡阻擋兒子戀情的喬治・日爾蒙[17]（Giorgio Germont）也是他唱的……對了！你知道嗎？佛羅倫斯人為慶賀《馬克白》問世，特地打造了一頂金色皇冠贈與大師，首演一結束就由芭畢耶里-尼尼獻戴大師頭頂！」我的語氣肅然起敬。

　　「佛羅倫斯就是遍地黃金啊！妳看古時候麥第奇家族為了體面，勒令老橋上的肉攤全部停業，改成金飾店，連金匠雕刻家切利尼[18]的塑像都直接設置老橋中央，供遊客祈求富貴，一頂金色皇冠對有錢的佛羅倫斯人而言，應該是基本伴手禮吧！」先生幽默的解讀，令我噗哧一笑。

(Photographer: Paolo Villa)

金匠雕刻家切利尼的半身像及其最著名的青銅雕像作品《柏修斯與美杜莎的頭》。

在佩格拉劇院售票處購買當晚莎士比亞話劇的門票。

　　我們在佩格拉晃悠一上午後，走進劇院售票處購買了當晚莎士比亞話劇《量・度》的門票，當作此行佛羅倫斯的宴饗。儘管今天的佩格拉無歌劇可聽，欣賞莎翁戲劇也是一種對威爾第致敬的方式。威爾第對莎士比亞作品的熱愛終生不渝，否則他人生最後兩部歌劇《奧泰羅》和《法斯塔夫》怎會皆據本莎翁神筆？

　　買好票推開門，要暫別劇院尋覓午餐之際，正午的陽光恰好灑落下來，元氣十足的光束讓我們的眼睛難以直視前方路面，也難以仰望晴朗藍天，彷若瞬間被金黃氤氳包覆……「只願天空不生雲」身處大白天的我，竟倏忽憶起徐志摩暗夜翡冷翠的浪漫柔情。🐾

影音欣賞：

1.　影集〈風中的女王〉精華

2.　大二重唱〈與我同命的夫人〉

影音連結：https://pse.is/3jup84

景點推薦：

1.　佩格拉劇院

2.　餐廳 Buca Poldo

3.　聖母百花聖殿

4.　佛羅倫斯領主廣場傭兵涼廊

掃描 QR Code 可看到景點在 Google map 上的位置及其相關資訊

佛羅倫斯是什麼顏色的呢？這座關於百花名城與歌劇《馬克白》的篇章是否喚醒了什麼難忘的回憶呢？請用文字記下腦海裡的景象吧！

注釋

1. 瓦萊劇院是 1726 年由羅馬權貴卡普拉尼卡家族所興建的表演場地,目前已完全停用。

2. 組成「翡冷翠」三個字的「羽」「水」元素都是文字學中的象形字,字形美麗,故做此言。

3. 通常一部歌劇在一地首演後,會繼續在它地巡演,《馬克白》也是如此。《馬克白》1847 年在佛羅倫斯問世,隔年就被搬上拿坡里的舞台。

4. David Rosen and Andrew Porter, *Verdi's "Macbeth": A Sourcebook* (Cambridge University Press, 1984), 66-67.

5. 英格蘭與蘇格蘭要一直到 1707 年 5 月才正式合併為「大不列顛王國」,而詹姆士國王 1603 年起同時主政兩地的統御,常被視作百年後英蘇合併的契機。

6. 歌劇的起源與瑪利・德・麥第奇嫁給法王亨利四世的婚禮幕間劇密不可分;小提琴和香水的傳播則與凱薩琳・德・麥第奇嫁給法王亨利二世有關。

7. 如同許多古老劇院,佩格拉由於規模較小,目前已停演歌劇,但話劇、音樂會,或中小型的舞蹈仍常在此演出。

8. 義大利許多知名服裝品牌,如亞曼尼、范倫鐵諾……等,都常與歌劇院合作設計戲服。

9. 在 19 世紀政治左右藝術的審核制度下,經理人和主管機關的遠近親疏往往關乎作品能否順利通過檢查。

10. 更多巴爾巴亞的故事,請閱讀本書〈唯諾瑪永存～貝里尼與卡拉絲的聖潔女神〉,頁 80。

11. 關於歌劇《阿提拉》,請閱讀本書〈不屬於威尼斯人的威尼斯～新冠肺炎與阿提拉的省思〉,頁 140。

12. 創作《馬克白》的過程裡,威爾第對與他合作多時的皮亞韋不甚滿意,於是強行換掉皮亞韋,找好友瑪菲伊男爵續寫《馬克白》唱詞。這也是迄今《馬克白》的唱詞作者會同時掛名皮亞韋及瑪菲伊的緣故。

13. 連純慧著，2021 年，《威爾第歌劇遊唱詩人導賞與翻譯》，頁 79，德馨繪創。

14. David Rosen and Andrew Porter, *Verdi's "Macbeth": A Sourcebook* (Cambridge University Press, 1984), 5.

15. 同上，14。

16. 旅行中的聽聞（作者紀錄）。

17. 在歌劇《茶花女》當中，茶花女維奧蕾塔和阿弗雷多的戀情硬生生被阿弗雷多的父親喬治・日爾蒙拆散，而《茶花女》1853 年 3 月 6 日在威尼斯鳳凰劇院首演時，喬治・日爾蒙的角色就是由唱紅《馬克白》、《弄臣》的男中音瓦列西擔綱。

18. 金匠雕刻家切利尼最著名的作品，是位在佛羅倫斯領主廣場傭兵涼廊的青銅雕像《柏修斯與美杜莎的頭》，這座雕像是造訪佛羅倫斯的文藝愛好者必賞的名作之一。

唯《諾瑪》永存～貝里尼與卡拉絲的聖潔女神

《諾瑪》是西西里出生的作曲家貝里尼名氣最響亮的作品，它不僅為美聲唱法開拓嶄新境界，也替歌唱家樹立攻頂標竿。20 世紀知名義大利女高音斯柯朵曾形容《諾瑪》是「歌劇領域的聖母峰！」；美國女高音拉德瓦諾夫斯基也說演唱《諾瑪》時「一出場就得展現各種技巧！」[1] 不過，除了技術層面挑戰重重外，這齣講述德魯伊女祭司長[2]愛恨情仇的歌劇背後，暗藏更多精彩故事等您玩味！

滾哪！卡拉絲！

「滾！卡拉絲滾出歌劇界！」[3] 1958 年 1 月
3 日上午，羅馬歌劇院外牆被不知名人士貼上
一張極不友善的標語，宣洩對前一晚《諾瑪》
只唱一幕就宣告停演的氣憤！原來，這場天后
卡拉絲擔綱女主角的演出堪稱羅馬新年盛事，
門票早早售罄不說，歌劇院還大張旗鼓邀請仕
紳賢達、電影明星共襄盛舉。開演前的一樓大
廳放眼望去，絢麗奪目媲美威尼斯影展，連當
時的義大利總統喬瓦尼・格隆基都偕夫人專程

1958 年 35 歲的卡拉絲，她的歌聲和演技，為歌劇歷史寫下一頁傳奇。

趕赴，要親眼目睹女神風姿！未料，跨年排練期間萬事安好的卡拉絲竟
忽然在元旦晚上喉嚨不適幾近失聲，驚覺事態嚴重的她火速將情況告知

劇院經理，懇請劇院立即尋覓一位「救火」歌唱家，以防她無法順利完成演出時能挺身代打……。

可是，這突如其來的消息任誰都措手不及！24 小時內要找到與卡拉絲旗鼓相當的女高音談何容易？更何況羅馬歌劇院早為這場《諾瑪》砸下重金，演唱諾瑪情人波利奧內（Pollione）的男高音柯雷里、化身諾瑪閨密阿達吉莎（Adalgisa）的次女高音皮拉齊尼、飾演諾瑪父親奧羅韋索（Oroveso）的男低音內里皆為一時之選、身價不凡，電視台的轉播車也已守候劇院外，準備隔天就向全國樂迷播送這火花四射的精彩現場！於是，不知該怎麼處理臨時狀況的劇院高層只得以「沒有人可以取代卡拉絲！」的強硬態度一口回絕，擺明要天后顧全大局、帶病上陣！

苦無奧援的卡拉絲就這樣在急性支氣管炎狂襲下猛吞感冒藥，希冀一顆顆藥丸能發揮神奇妙用，助她一夜恢復金嗓。然而，漠視改變不了事實，卡拉絲 1 月 2 日晚上憑藉過人意志謳歌完眾所矚目的超級名曲〈聖潔女神〉後，雖然一如往常博得滿堂采，但嚴重受損的聲帶舉步維艱，儘管勉強走完第一幕，透支的嗓音也無以為繼，不得不在中場休息觀眾等待 40 分鐘的焦躁氣氛裡宣布下半場取消，令原本興奮歡愉的各路人馬頓時噓聲四起、大喊掃興！

更慘的是，好事媒體見獵心喜，報紙頭版、新聞頭條紛紛替這起事件落下辛辣標題，「卡拉絲又耍大牌」、「天后羅馬罷演」、「當紅女伶唱歌看心情」……等負面形容滿天飛，讓卡拉絲就算跳進台伯河都洗

不清！其中，製播八卦新聞起家的 Newsreel 行徑歹毒，他們在 "WOT, NO SOPRANO？"（什麼，沒有女高音？🎧）短片裡除了列舉多少名人盛裝出席外，還不懷好意移花接木卡拉絲 1955 年錄音《諾瑪》的影像假作該場演出的排練，再搭配旁白「正如你耳朵聽到的，卡拉絲的嗓音無懈可擊⋯⋯所以倘若你想完整聽她唱歌，萬勿盛裝趕赴歌劇院，找一場排練去聽就可以了，她在排練通常是從頭唱到尾的！」[4] 惟恐天下不亂的心機顯而易見。只可惜，煽動性的畫面大眾難辨真偽，加上知情卻無情的歌劇院高層及總統夫婦自始至終保持沉默，對遭媒體霸凌的歌唱家袖手旁觀，任由脣槍舌劍掃射無辜之人，似乎有意冷眼這盤亂局會如何翻攪！心寒的卡拉絲百口莫辯，只得悲傷藉威爾第歌劇《茶花女》名句「迷途的女子雪上加霜，燃起的一絲希望瞬間無言，儘管慈愛的上帝

人來人往的羅馬歌劇院，西元 1958 年的「羅馬罷演事件」就是在此發生。

願意原諒，無情的人們也不放過她。」[5] 形容處境。爾後，卡拉絲與羅馬歌劇院名譽纏訟 13 載，待卡拉絲終獲勝訴之日，她的事業早結束多年……。

　　從佛羅倫斯下榻公寓散步至市立劇院途中，我趁著高照豔陽為先生講了這段 20 世紀歌劇史上沸沸揚揚的「羅馬罷演事件」。那時的劇場生態不像今天，現在歌唱家生病或受傷只需上社群媒體如實相告便能得到粉絲聲援諒解。但七、八十年前的劇院等同競技場，是個擋不住觀眾叫囂喧嘩，甚至羞辱謾罵的地方，縱然指揮家托斯卡尼尼曾強勢改變劇院規矩[6]，距離表演家尊嚴地位的真正穩固，還要很長一段時間。

在佛羅倫斯市立劇院前留影。

當賭場大亨遇見西西里才子

　　上週行腳南義時，我們曾造訪《諾瑪》作曲家貝里尼的母校——拿坡里音樂學院。這所座落拿坡里「馬耶拉聖伯多祿教堂」建築群中的音樂學校外觀極不起眼，即使綠色校門上方堂皇標示 *REGIO CONSERVATORIO DI MUSICA*（皇家音樂學院），兩旁髒亂的塗鴉卻讓人絲毫無法將它和貴氣的貝里尼聯想在一起！不同於羅西尼與董尼采第早年的顛簸樂途、經濟拮据，貝里尼音樂命格裡沒有苦熬際遇。他 1801 年深秋出生西西里島卡塔尼亞的音樂世家，祖父和父親皆專職教會司琴，家境小康、生活平穩，給貝里尼相當安定的成長環境。承蒙祖父調教，貝里尼 4 歲嘗試譜曲，7 歲開始為唱詩班寫作簡易詩歌，是自然沁潤音樂裡的孩子。縱使長久以來南北差異導致西西里教育資源匱乏，學校拉丁文、義大利文、數學、科學的師資總是有一搭沒一搭，所幸宗教聖樂的薰陶及民謠旋律的啟發賜予小男孩獨特聲音養分，助他日後游藝揮灑。

　　基於上進心驅使，貝里尼 17 歲那年在家人支持下渡過美西納海峽前往拿坡里求學，考入拿坡里音樂院，在院長辛加雷利門下接受正規訓練。辛加雷利經歷豐富，先後闖蕩巴黎、米蘭、羅馬……等城市，建立名聲再回故里，為家鄉貢獻才華。有意思的是，相較貝多芬與海頓的世代鴻溝[7]，貝里尼與辛加雷利年紀差距更大，海

貝里尼的恩師辛加雷利。

左上圖： 拿坡里音樂院側邊公園內的貝里尼雕像，這位和蕭邦同樣具有詩人氣質的作曲家是南義之光！

右上圖： 拿坡里音樂院的校門，上方刻著「皇家音樂學院」的校名。

下圖： 音樂院旁略顯混亂的街道讓人難以置信這裡是培育頂尖音樂人才的搖籃。

頓年長貝多芬 38 歲，但辛加雷利對貝里尼而言，卻是半世紀前的作曲家！精力充沛的青春少年遇上退休之齡的古稀長者，想當然耳體能懸殊，就算辛加雷利企圖授予貝里尼全方位指導，年紀的限制也時常使他力不從心。幸好，拿坡里歷史悠久的聖卡洛歌劇院演出密集活絡，讓好學如海綿的貝里尼在實際賞劇的經驗裡補足老師未能盡述的創作技法。幾年下來，辛加雷利看出愛徒條件可貴、獨缺機會，於是他刻意在貝里尼 1825 年步入職場前夕敦促他產出人生首部歌劇《阿德森與薩維尼》，而這初出茅廬的作品，幸運吸引了縱橫南北的劇院經理人巴爾巴亞的注意。

在我心目中，巴爾巴亞是個經營面向多元的商業鬼才，撇開道德不論，他一塊錢滾出數桶金的跳躍式營運手法實在令人佩服萬分。

米蘭斯卡拉歌劇院對面的馬里諾宮 1861 年順應義大利統一運動的勝利改為市政廳，並與同期興建的艾曼紐二世迴廊合璧成人潮熱絡的「斯卡拉廣場」前，那一帶早已是住商混合、店面林立的鬧區。巷弄間香氣四溢的咖啡館騷人雅士薈萃，作曲家、劇作家、畫家、詩人川流不息，或商討排練、或連繫感情，儼然劇院文化之延伸，當時年少的巴爾巴亞穿梭其中，做一名開朗勤快的咖啡侍者，不僅伶俐健談，還創意十足的將濃縮咖啡、牛奶、鮮奶油、巧克力等食材混合，製作出以姓氏 Barbaja 為標誌的飲品 Barbajada！這項至今仍可在米蘭某些咖啡館品嘗到的豐盈滋味，據傳就是卡布奇諾的前身！

左上圖： 1855 年斯卡拉歌劇院一帶。右側是歌劇院門廊。左側是住商混合的房子，當時熱鬧的艾曼紐
二世迴廊尚未興建。

右上圖： 今日的艾曼紐二世迴廊。

下圖： 斯卡拉廣場達文西雕像後方即是做為市政廳的馬里諾宮，它與米蘭大教堂、艾曼紐二世迴廊、
斯卡拉歌劇院形成米蘭最熱鬧的商圈。

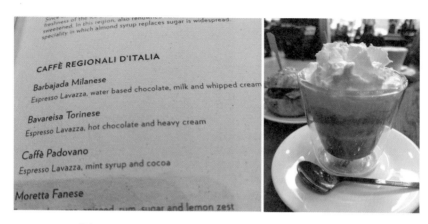

深知巴爾巴亞與咖啡淵源的我們，來米蘭一定不忘飲一杯 Barbajada！

　　然而，不同於一般甘於賺薪資小費的咖啡師，教育程度不高的巴爾巴亞對未來有更大企圖。1777 年出生的他 20 歲時躬逢拿破崙挺進義大利，隨軍事入侵將法式輪盤賭博帶至米蘭。賭場秀場本一家，由客人耳語聽聞商機的巴爾巴亞先是找管道批發彈藥，販售給急需軍火的拿破崙軍隊，接著又將獲利投資斯卡拉歌劇院大廳賭場，並進一步將盈餘挹注劇院營運。升級舞台機關、裝潢設備外，聰明的他深知唯藝術能替自己留名，因此不計成本招攬優越人才，旗下盡是頂尖歌唱家、作曲家，奇妙的為歌劇歷史寫下一頁騰達。

　　商場人士經常形容巴爾巴亞：「像一隻狐狸，即使相隔很遠，只要抬起鼻頭便能嗅到嫩雞的味道。」[8] 的確貼切不過！西元 1806 年，當橫掃千軍的拿破崙往南攻陷拿坡里王國[9]，已在米蘭賺飽荷包的巴爾巴亞再度乘勢南下，將「賭場兼劇場」的經營模式複製至聖卡洛歌劇院，

炒熱南方博弈市場。儘管 1815 年拿破崙慘遭滑鐵盧，聖卡洛依舊是巴爾巴亞大本營，羅西尼也是在他手裡蛻變為王牌明星。正因如此，貝里尼初露鋒芒的慧點，才會立刻被納入他的投資標的，遞簽合約毫不遲疑！

斯卡拉歌劇院為了推出更多的新興製作，歷年的翻新工程將建築物加深加高，以容納更多的舞台裝置。

起也《諾瑪》、落也《諾瑪》

這些年極端氣候放任夏陽熱力四射，它激烈擁吻肌膚的溫度不出一刻鐘就使人渾身滾燙，彷若火焰紋身又痛又辣！我們在佛羅倫斯市立劇院正面拍下數張照片後，速速躲進簷廊陰影補充水分，避免旅行途中中暑灼傷。

事實上，自 2014 年嶄新的「佛羅倫斯五月歌劇院」竣工以來，名聞遐邇的「佛羅倫斯五月音樂節」連同其它歌劇演出就完全從舊的市立劇院移至新劇院舉行，佛羅倫斯政府雖然想方設法出售市立劇院地上權好貼補新劇院龐雜的建設經費，但截至目前為止，標案一再流產，讓兀立的舊劇院略顯荒涼，而我們之所以尋幽此處，為的仍是卡拉絲與《諾瑪》。

爬梳天后一生，《諾瑪》可說是她職涯裡最重要、也最傳奇的劇碼。不僅由於它是引發「1958 羅馬罷演事件」的焦點，更是因為它在卡拉絲事業初期扮演過關鍵的推手。或者很直接的說，倘若不是《諾瑪》，早年羽翼未豐的卡拉絲還不知要苦熬多久才會擁有大鵬展翅的海闊天空。

眾所周知，卡拉絲 1923 年出生紐約曼哈頓的希臘移民家庭，母親為栽培女兒與眾不同的歌喉，在卡拉絲小學畢業那年帶她回希臘，送她進雅典音樂院名師伊達歌班上學習，是伊達歌讚譽有加的用功學生。然而，卡拉絲並非義大利人，嗓音再獨特也難赤手空拳擠身 20 世紀高手

上圖： 佛羅倫斯市立劇院。2014 年以前，舉世聞名的「佛羅倫斯五月音樂節」都是在此舉行，這個年輕新秀眾多的音樂盛宴也曾經是墊高卡拉絲的殿堂。

下圖： 佛羅倫斯 2014 年竣工的「五月歌劇院」夜色下特別迷人，現在佛羅倫斯所有的歌劇表演都是在此進行，是義大利最重要的劇院之一。

如雲的義大利歌劇圈，必須等待貴人提攜，才有機會展現實力，問鼎美聲遍地的義大利半島。幸好「人若精彩、天自安排」，孜矻努力的卡拉絲歷經百轉千迴，終於因緣際會得到極具影響力的指揮家塞拉芬 [10] 拉拔，教她排練秘訣、帶她闖蕩樂壇，創造一場場超群演出。其中，他們1948 年冬天在佛羅倫斯市立劇院七週成就《諾瑪》的往事是古今樂迷津津樂道的劇場軼聞。

貝里尼的樂句一向以纖細綿長著稱，他的封號「卡塔尼亞的天鵝」形容的就是綿密樂思如天鵝划水的優雅波紋。這種迥異於絢爛羅西尼的風格是他吸引巴爾巴亞的主因，畢竟「有特色」方能「有賣點」是嗅覺匹敵狐狸的劇院經理人一定會把握的投資原則。正因如此，貝里尼的音樂非常要求歌唱家的支撐力與完美性，兩者兼備才可企及氣韻渾成之大器，《諾瑪》即是最佳證明。這齣歌劇的女主角諾瑪曲目之繁多、句型之無盡幾乎從頭到尾不得喘息，非經驗豐富的女高音不能駕馭！

有趣的是，塞拉芬不知哪裡來的勇氣，他在排練之初得知當時未滿25 歲的卡拉絲整齣《諾瑪》僅會唱名曲〈聖潔女神〉和另一首二重唱後非但沒有考慮更換歌唱家，反倒吃了秤砣鐵了心引領卡拉絲連續七週閉關苦練，無論如何都要督促她將兩個半小時的大戲倒唱如流，演技及神態也必須百分百到位！這名未來的天后想當然耳不負知遇，她初生之犢不畏虎，榨盡全力硬背硬拚，果真七週化繭蛹為彩蝶，以傲視劇界之姿贏得如雷掌聲，成就她畢生最具代表性的招牌角色。

我在市立劇院簷廊下思古幽情對丈夫訴說這段「七週《諾瑪》」軼事當下，不禁感嘆卡拉絲十年間起也《諾瑪》、落也《諾瑪》。這部描述德魯伊女祭司長為愛殉命的傳說讓 1948 年初露頭角的她廣受讚譽，亦讓 1958 年如日中天的她備受詆毀。實際上，卡拉絲健康下坡以致影響嗓音的時間點大約就始於羅馬罷演事件後，超量演出、感情紅燈、人際危機、無規律運動，外加長年不忌醇酒冰飲皆是削弱免疫的因子，再強健的身體也禁不住自然老化加乘身心折磨的雙重摧殘。縱使樂界多認為卡拉絲金嗓變異和她大幅減重有關，但細細檢視她的生活型態便可確知減肥和歌聲的連結遠遠少於其它因素 11，何況體重控制本來就是維繫健康的要件，將嗓音歸咎減重未免失之偏頗！自罷演事件起即周旋各種情緒震盪的卡拉絲再勉強撐持 7 年，1965 年 7 月，少壯 42 歲宣布引退，令忠誠樂迷感慨唏噓！

帕斯塔的〈聖潔女神〉

不過話說回來，演出頻繁的頂尖歌者要時時顧全美聲絕非易事，巴爾巴亞旗下創造諾瑪的茱蒂塔‧帕斯塔也曾為〈聖潔女神〉耗神傷「聲」。

毋庸諱言巴爾巴亞是不折不扣的生意人，人生大部分時候滿口生意經，他雖將賭場劇院經營得有聲有色，但他的藝術品味究竟如何實在不得而知。所幸品味不必然是優秀經理人的首要條件，懂得審時度勢、保

持立場客觀，把手中藝術家擺在適宜位置才是經理人最重要的任務，關於這點，巴爾巴亞可謂箇中高手、相當稱職。

由於事業人脈貫穿南北，巴爾巴亞結識貝里尼兩年後就送他北往米蘭，還輾轉引薦知名劇本作家羅馬尼與之合作，打算讓 27 歲的貝里尼在斯卡拉歌劇院一展抱負！透過規劃安排，貝里尼和羅馬尼從 1827 年歌劇《海盜》起始展開一段尚稱和諧的合作關係。貝里尼生於南方，慣用西西里拿坡里一帶的方言，掌握

劇本作家羅馬尼。

義大利文的自信度相對較低。因此，文學見長的前輩羅馬尼是他不可或缺的支柱，少了羅馬尼流暢義大利文書寫唱詞，身為自由創作者的貝里尼就很難獨立完成經典劇目。

此外，當紅的歌唱家茱蒂塔・帕斯塔也是巴爾巴亞替貝里尼預備的大禮，1831 年春天帕斯塔先為貝里尼頗受好評的《夢遊女》詮釋女主角阿米娜（Amina），同一年冬天帕斯塔就接下《諾瑪》，一鼓作氣將自己及作曲家的名氣推至巔峰！歷史上有一幅著名的巴爾巴亞畫作暗藏玄機，這幅斯卡拉歌劇博物館的收藏其實主角不只巴爾巴亞，他身後淡抹的肖像——中間的羅西尼、左側的貝里尼、右邊的帕斯塔——幽默說明此三人是經理人搖錢樹，無價的天資稟賦不知為巴爾巴亞賺進幾桶金！

才貌雙全的帕斯塔。

賭場暨劇場大亨巴爾巴亞！他的事業版圖縱橫南北，是 19 世紀歌劇市場最有影響力的人物。
不過，這幅畫有意思的部分是巴爾巴亞左後方若隱若現的三顆人頭，他們由左至右分別是貝里
尼、羅西尼，以及歌唱家帕斯塔。

今天我們習慣將歌唱家依照音域範圍和聲音特質歸類，譬如「男聲」區分為男低音、男中音、男高音；「女聲」劃分為女低音、女中音、女高音。可是從前對於這樣的定義並無明確分野，就算粗略區隔擅長低音或高音的歌者，非凡歌唱家往往能靠天賦或鍛鍊橫跨音域，臉不紅氣不喘從低音唱到高音，帕斯塔就是其一！熱愛義大利文化的法國作家斯湯達曾形容帕斯塔「擁有唱低音像唱高音那麼自在的珍貴資質！」[12] 不難想見帕斯塔功力之出色卓越！

不過帕斯塔厲害歸厲害，要挑戰《諾瑪》依舊是浩大工程。

誠上所言，帕斯塔是不受音高限制的歌者，大多數樂曲上上下下飛簷走壁不成問題！然而根據當時親聞過她歌藝的人們記述，帕斯塔嗓音最舒服順暢的範疇接近現在的次女高音。換言之，較高的音她雖能駕馭，但舒適不勉強的區間是落在中段，曲目選擇進可攻退可守！相對天生優游高處的「絕對型女高音」（Soprano assoluto），帕斯塔這類底蘊厚實又能視音樂需求向上噴射的歌唱家，就被定義為「噴射型女高音」（Soprano sfogato）。這也是為何，帕斯塔演唱細密綿長〈聖潔女神〉時必須特別調整調性，從貝里尼本來譜寫的 G 調降至 F 調的原因[13]，對「噴射型女高音」而言，高音主攻「噴射」，不用於「支撐」，緩速且需要不停延展長句的曲子，仍需維持在舒適音域進行。

頭痛的是，降低調性也降低不了帕斯塔的工作負擔，因為無盡《諾瑪》最艱難的唱段，正是一上場就令人屏息的〈聖潔女神〉！這首歌曲

既決定歌者自身對演繹整齣歌劇的信心，也決定觀眾是否會滿懷期待繼續欣賞下去；倘若諾瑪亮相的〈女神〉不夠優美漂亮，別說歌唱家對緊接而來的一曲一曲膽怯心虛，觀眾也會意興闌珊搖頭嘆息。因此，求好心切的帕斯塔為了將〈女神〉臻至完美，卯足全力勤奮練習，未及演出之日就把聲帶操得疲累不堪！再者，貝里尼完美主義，1831 年 12 月 26 號首演日下午還瘋狂集結歌者做最後排演，導致大家體能耗盡、氣喘吁吁，當晚如何表現傑出！歌唱家們的欲振乏力、嗓音不穩，外加對手花錢雇用「職業觀眾」（Claque）叫囂喝倒采，《諾瑪》的初登場讓貝里尼垂頭喪氣直呼慘敗！幸好後續演出萬事回歸正軌，《諾瑪》的優越即時被聽見，票房的成功也讓作曲家趁著〈女神〉光環，問鼎巴黎，創下他事業的另一標竿！

《諾瑪》外一章

　　我總覺得，1958 年羅馬歌劇院聽眾們無法接受卡拉絲支氣管炎說法的理由，是基於聲帶受損的她依舊將〈聖潔女神〉唱得太超乎水準，一般耳朵根本分辨不出這是病人歌聲的緣故……。我在佛羅倫斯市立劇院旁的小咖啡館播放卡拉絲當晚的錄音給先生聽🎧，他邊聽邊頻頻點頭，直呼卡拉絲的病嗓還是完勝一票狀況良好的歌唱家。這是天后的實力，也是天后的不幸！

卡拉絲退出該檔《諾瑪》後，不得不面對問題的羅馬歌劇院十萬火速找來年輕女高音切爾克蒂上陣代打，務必減低罷演事件對劇院信譽的衝擊。切爾克蒂也是擁有厚實美聲的一流歌唱家，她的〈聖潔女神〉🎧蘊含不同於卡拉絲的神秘情味，微微沙啞的音質暗露諾瑪夾在家國與愛情間的矛盾為難，是《諾瑪》詮釋史上的模範之一。諷刺的是，切爾克蒂雖然在自己奔波繁忙的演出行程中勉強擠出時間替代卡拉絲，並因此獲得至高聲響，名氣瞬間拉抬！但親眼見到劇院及觀眾無情對待前輩的她卻從此對劇界心存疑懼，在前程似錦的 30 歲急流勇退，避免日後也淪落在「槍口下唱歌！」[14] 等於這起罷演事件，一口氣傷及兩位頂尖藝術家！

滾燙的太陽隨著傍晚來臨逐漸西斜，因為晚間預定觀賞佛羅倫斯新劇院製作的《茶花女》，所以飲畢絲滑消暑的冰卡布，我們就沿著來時路徒步回公寓休息，接著再尋覓吃晚飯的地方。

歐洲人晚餐吃得很遲，比較像樣的餐廳大多過七點才營業，想在歌劇開演前找到能好好用膳的地方向來不簡單。不太餓的我們索性隨意走進一家義大利麵館填肚子，以不費工不費時為優先。好巧不巧，侍者遞上來的菜單上頭，恰好有名為 Pasta alla Norma 的義大利麵，我毫不猶豫點了它，當作今天朝聖《諾瑪》的句點。

其實，這道麵食在義大利很常見，我點它一方面是呼應下午探幽的行程，一方面則是好奇佛羅倫斯小店烹煮南義菜餚的功夫如何？畢竟這

道佳餚是因貝里尼同鄉——卡塔尼亞作家馬托格里奧——某回驚艷廚子將義大利麵拌煮美麗紫茄，開心藉歌劇稱讚 *"Pasta alla Norma"* 而得名！那 Pasta 一語雙關，既指麵食，也指歌藝了得的第一位諾瑪——茱蒂塔・帕斯塔（Giuditta Pasta）。

傳聞中貝里尼曾說：「萬物皆可棄，唯諾瑪永存！」我意味深長的舀起眼前一匙溫熱茄子送入口，心想，歌劇如此，美食亦然！🐾

上圖： 南義佳餚 Pasta alla Norma，美麗紫茄是這款義大利麵的標誌，它的美味與歌劇《諾瑪》的傳奇同樣不朽、同樣永存！
下圖： 佛羅倫斯五月歌劇院內部照片，當天觀看的劇目為《茶花女》。

影音欣賞：

1. Newsreel 八卦短片 *"WOT, NO SOPRANO？"*

2. 卡拉絲 1958 年 1 月 2 日晚上演唱〈聖潔女神〉的實況

3. 切爾克蒂演繹〈聖潔女神〉

影音連結：https://pse.is/3jd32a

景點推薦：

1. 羅馬歌劇院

2. 佛羅倫斯市立劇院

3. 佛羅倫斯五月歌劇院

4. 馬里諾宮

掃描 QR Code 可看到景點在 Google map 上的位置及其相關資訊

曾經造訪過羅馬歌劇院嗎？卡拉絲與《諾瑪》的故事是否激盪出內心
對人心人性的不同看法呢？書寫此刻的想法，作為對本文的回應吧！

注釋

1.　James Jorden, *Hear What Makes 'Norma' the Everest of Opera,* The New York Times, https://www.nytimes.com/2017/09/20/arts/music/norma-bellini-metropolitan-opera.html (2019 年 05 月 01 日檢索)

2.　「德魯伊」指的是盤據義大利北部與法國一帶的「高盧人」當中的知識分子，執掌祭祀、教育、審判……等職權，諾瑪的父親奧羅韋索是統御「德魯伊」的大祭司；至於諾瑪，則是能感應神啟、執行儀式的女祭司長，她和與高盧為敵的羅馬總督波利奧內偷偷育有兩個孩子，但波利奧內移情別戀，愛上諾瑪的手下兼閨密阿達吉莎，兩人甚至計畫私奔！這曖昧不明的三角戀情，最終將諾瑪推入死亡結局。

3.　"*Maria by Callas.*" Tom Volf, produced by Tom Volf etc., Sony Pictures Classics, 2018.DVD.

4.　" *WOT, NO SOPRANO?* " Newsreel, British Pathé, 1958.

5.　"*Maria by Callas.*" Tom Volf, produced by Tom Volf etc., Sony Pictures Classics, 2018.DVD. 這幾句唱詞是出自《茶花女》第二幕，女主角薇奧蕾塔和喬治・日爾蒙的二重唱，原文為 "*Così alla misera ch'è un dì caduta, di più risorgere speranza è muta! Se pur benefico le indulga Iddio, l'uomo implacabil per lei sarà.*"

6.　指揮家托斯卡尼尼為歌劇院的觀眾們訂立多項規矩，譬如參與演出要準時、表演當下燈光調暗、不允許聊天說話飲食……等，是改變劇院生態的先鋒。

7.　關於海頓與貝多芬的故事，請閱讀連純慧著作《那些有意思的樂事》〈誰和誰有心結？既親密又疏離的維也納三傑〉。

8.　Daniel Snowman 著，安婕工作室譯，2017 年，《鎏金舞台：你不可不知道的歌劇發展社會史》，頁 137，高談文化。

9.　拿破崙 1796 年自皮埃蒙特攻入義大利、1800 年贏了馬倫戈戰役後，便勢不可當一路佔領義大利半島。1805 年建立歷史上第一個義大利王國；1806 年攻陷拿坡里王國並同時滅絕神聖羅馬帝國；1809 年殲滅教皇國，完成歷史上第一次義大利統一。在此期間，斐迪南四世國王只得逃往西西里島避難，

直至 1814-15 年拿破崙勢力傾頹，維也納會議重新分配歐洲領土，斐迪南四世才重回拿坡里。

10. 塞拉芬是繼托斯卡尼尼之後，義大利最重要的歌劇指揮家，他對卡拉絲的提攜，讓卡拉絲終生感念，多次公開致謝塞拉芬的教導之恩。

11. 歌唱家減重對於歌聲的影響其實少之又少，舉例而言，當代美國古巴裔女高音奧羅佩薩（Lisette Oropesa, 1983-）原本體重 90 多公斤，靠運動和飲食減去近半重量，不但舞台風姿更迷人，歌聲也因為持續長跑共鳴更佳。反之，歌王帕華洛帝晚年體重過重，醫生告誡減肥屢勸不聽，導致他後來演出的呼吸越形吃力，樂句美感也相對受損。體態與身形是一位表演家最基本的職業道德，認為「嗓音優劣」與「身材胖瘦」完全正向關，恐怕是許多不願意或缺乏毅力控制身材的歌唱家為自己開脫的藉口。

12. H. Pleasants, *The Great Singers.* (New York: Simon & Schuster, Inc, 1981), 374.

13. *"Malibran rediscovered: A portrait of Maria Malibran by Cecilia Bartoli."* Michael *Sturminger,* produced by Lotus Film, 2008.Medici.tv.

14. Opera Fanatic 當中 Anita Cerquetti 的專訪（作者紀錄）。

愛情，如轉瞬枯謝之花～

歌劇女神化身的《夢遊女》

2017 年，熱愛歌劇的導演湯姆‧沃爾夫將女高音卡拉絲的生平以紀錄片形式搬上大螢幕，廣獲各界好評，尤其對鍾情天后歌藝的樂迷而言，這部名為《為愛而聲》的紀錄片無疑是緬懷偶像的影音宴饗。2018年，《為愛而聲》在台灣上映，當時我曾為之撰文，聚焦卡拉絲與貝里尼名作《夢遊女》的交織，茲將這篇短文收錄〈唯諾瑪永存〉後，誌記偉大作曲家和歌唱家之不朽！

　　2018 年 4 月台灣電影圈暨歌劇界的盛事，莫非 20 世紀才貌雙全的女高音卡拉絲之生平紀錄片《為愛而聲》搬上大螢幕！這是卡拉絲逝世逾 40 年來，首度交織斯人幕前幕後訪談、影像、信件，以及大量演唱實況而成的準完整紀實，歌劇迷導演湯姆‧沃爾夫對卡拉絲的崇拜還原了歌劇女神跌宕曲折的人生，也引領喜愛義大利歌劇的愛樂者穿梭時光隧道，感受質地復古的歌聲之旅，在讚嘆和淚水間重新思考生命與愛情的種種課題。

　　對於稍有接觸古典音樂的朋友們而言，這部紀錄片中連貫穿插的義大利詠嘆調必然耳熟能詳，譬如貝里尼作品《諾瑪》裡的〈聖潔女神〉、威爾第《茶花女》中的〈別了！昔日美夢〉、普契尼《托斯卡》裡的〈為了藝術為了愛〉……等等，無一不是卡拉絲美聲一揚，立刻就引起共鳴的詩篇，電影院內邊看邊忘情跟唱者所在多有，雖然對同空間觀影的人

來說，斷斷續續的哼哼啊啊難免打擾，但多數樂迷仍能諒解此番熱切，全是由於女神魅力征服世界！

　　不過有意思的是，紀錄片裡其中一首我個人認為是卡拉絲前無古人、後無來者的詮釋，卻是台灣愛樂人相對生疏的樂曲，電影院裡許多音樂一落，就爭相解答曲名的窸窸窣窣到了該首曲子便悄然無聲，只能任由纏綿音韻飄忽耳前……。這，究竟是哪一闋迷濛呢？答案是：西西里島出生的歌劇作曲家貝里尼《夢遊女》第二幕近尾聲的〈啊！我不相信花竟轉瞬凋零〉🎧。歌劇《夢遊女》所講述的，是罹患夢遊病的女子阿米娜（Amina），因症狀發作夢遊至魯道夫伯爵（Conte Rodolfo）臥房而遭未婚夫埃爾維諾（Elvino）誤會的故事，這齣貝里尼病中勉力提筆的鉅著 1831 年春天在米蘭首演後引發轟動，不僅普世樂迷嘖嘖稱奇，就連醫生們也趨之若鶩，畢竟睡夢中漫遊對 19 世紀的精神醫學來講，是多麼具有開發潛力的領域！貝里尼的這一勾一寫，印證了多少閃爍猜疑？又昇華了多少病癥謬議？

　　只可惜，健康欠佳的貝里尼在《夢遊女》大紅大紫 4 年後以 34 歲英年病逝巴黎，沒有機會再見故鄉義大利，也沒有機會聽到 10 幾年後，擁有「瑞典夜鶯」稱號的歌劇天后珍妮・琳德婀娜多姿的繾綣猗旋。除歌聲外，珍妮・琳德在音樂史上最著名的是她與猶太作曲家孟德爾頌的情愫。據傳，才氣洋溢的孟德爾頌為了才女可以捨

擁有「瑞典夜鶯」之譽的女高音珍妮・琳德。

棄江山，不惜性命相逼也要珍妮・琳德與他私奔美國！但，舞台事業如日中天的歌唱家怎會不顧聲譽，和有家世的作曲家發展過界曖昧的婚外戀情？於是乎孟德爾頌鬱鬱寡歡，加上身體欠安，1847 年底便撒手人寰，增添悠悠史筆的另一樁遺憾。

　　然而，首席女伶魅力難擋，為珍妮・琳德神魂顛倒者可不只孟德爾頌一人！1848 年 2 月，法國爆發撼動法王路易・腓力「七月王朝」的二月革命。當時，巴黎兵荒馬亂，權貴們紛紛出城，導致以沙龍音樂會和教授貴族鋼琴為生的蕭邦頓失經濟來源，只得聽從學生珍・史特靈的建議避險英倫，在距離混亂核心千里遙遠的大不列顛維繫生計。可是，知情者皆心知肚明，蕭邦選擇英倫別有一番目的，因為他心儀的舊識，也就是身段優雅、嗓音纏綿的珍妮・琳德彼時恰巧在英國巡演貝里尼的《夢遊女》。小孟德爾頌 1 歲的蕭邦原本就是劇作家貝里尼的粉絲，兩個人更曾在巴黎普萊耶勒家的沙龍裡英雄交結，因而如今的珍妮・琳德演繹貝里尼，無疑是蕭邦夢寐難求的夢幻組合，即使沒有二月革命，鋼琴詩人恐怕都要罔顧暈船嘔吐，想方設法渡海親臨！

蕭邦的女學生珍・史特靈。

　　如同孟德爾頌情牽珍妮・琳德之隱晦，蕭邦與伊人親密的關係亦似霧裡朦朧不見花影，小道消息口耳流傳，但總無任何令人滿足的鑿鑿確證，後世樂迷千辛萬苦捕風捉影，無奈謹慎又低調的鋼琴家和歌唱家就

是有辦法船過水無痕，抹淨蛛絲馬跡，不讓嗅覺靈敏又想像力豐富的傳記史家，有一丁點著墨行筆的機會！

　　不過，流言蜚語無可鑽研之餘能夠肯定的是，珍妮・琳德的確擁有無與倫比的美貌、歌喉、與演技。貝里尼的作品本以氣韻綿長著稱，想駕馭其歌劇的女高音不僅得纖頤清麗，還要有神人般的體力！否則一首接一首悠遠綿密的詠嘆調，不需一刻鐘便會使女主角自曝其短、臉紅氣喘！珍妮・琳德得天獨厚、用功勤勉，《夢遊女》裡高難度的唱段她詮釋起來從容自若，出神入化遊走於現實和夢境間，讓英倫聽眾大開耳界，驚嘆這位來自斯德哥爾摩的夜鶯絕不浪得虛名！

　　可惜的是，由於影音資料闕如，對 20 世紀以降的愛樂人而言，珍妮・琳德只是前朝傳奇，既不可聽也不可聞，唯獨一幅《夢遊女》的演出臨摹可供瞻仰。幸好，夜鶯離世 36 年後絕美歌聲便透過卡拉絲還魂，這位紐約出生的希臘裔歌唱家與珍妮・琳德相同，色藝雙絕，有美聲美貌，以及令人目不轉睛的性感身材。雖然我們無從得知 19 世紀的珍妮・琳德是否像瘋狂卡拉絲，為達凹凸有致之三圍無所不用其極減肥[1]，但可以斷定的是，此雙姝之艷麗才華，皆使世間男子拜伏石榴裙，傾醉於繞樑三日的韓娥餘音。

珍妮・琳德演唱《夢遊女》女主角阿米娜夢遊的情景。

　　源自父母不睦的離異，卡拉絲少女時期即隨母親搬回希臘，並於雅典音樂院開始習樂生涯。天資異稟外加勤奮孜矻，她音樂院尚未畢業就已在舞台上嶄露頭角，將義大利歌樂中美聲唱法（Bel Canto）的精髓準確演繹，一曲再一曲，一劇再一劇，逐步稱霸歌唱武林，聽眾聞其聲拍手叫好，對手聞其名肅然起敬，貝里尼筆下的悠遠綿密到了卡拉絲口中仿若鬼斧神工，堅固與飄忽竟可畢其功於一役！《夢遊女》裡女主角阿米娜分不清是真是夢的幽唱〈啊！我不相信花竟轉瞬凋零〉因為卡拉絲音色處理細膩，讓人恍恍中瞭然蕭邦聆賞珍妮‧琳德時的癡迷，那是一種抽離現實的迷幻，更是一種輕度麻醉的微醺……。

　　對卡拉絲來說，痛苦，一直是藝術的養分。由於不可對外人道也的家庭心結，卡拉絲事業起步沒多久，和母親的關係便迅速惡化，終至無可逆返之斷絕；而與年齡懸殊企業主麥內吉尼的婚姻，則因卡拉絲外遇希臘船王歐納西斯增添一筆供好事者茶餘飯後的嚼舌話題。諷刺的是，以為在歐納西斯身上覓得真愛的卡拉絲萬萬沒有料到，美國總統甘迺迪美麗遺孀賈桂琳的空降會結束自己和歐納西斯近 10 載的相知相惜，連歐納西斯 1968 年迎娶賈桂琳的消息，卡拉絲都是透過報紙才知曉，彷彿一把利劍直插胸臆，在心臟旋轉翻攪直至鮮血淋漓！就算 7 年後婚姻失敗的歐納西斯老馬恬吃回頭草，重新挽回卡拉絲，但純粹的熱情畢竟不復當年，曾被捅得遍體鱗傷的卡拉絲無論如何已不再是能夠全然付出的舊時女子，而這兩人渾沌纏繞的糾結，亦於 1975 及 1977 年歐納西斯與卡拉絲分別離世後，畫下令人唏噓的句點。

　　紀錄片《為愛而聲》中，當卡拉絲被訪談主持人問及是否快樂時，她淡定的回答：「沒有一位藝術家是真正快樂的。」[2] 他們都是負傷的靈魂，奮力藉音樂，療癒自己，以及世間的傷痕。🐾

影音欣賞：

請欣賞，1965 年，卡拉絲在巴黎以音樂會形式詮釋《夢遊女》之名曲〈啊！我不相信花竟轉瞬凋零〉，彼時已非卡拉斯嗓音的巔峰，但她高雅的氣質依舊讓音樂優美細膩。

影音連結：https://pse.is/3jtfku

注釋

1. 關於卡拉絲如何從年輕時的 90 幾公斤減至窈窕身材眾說紛紜，有人說她生吞蟲子、有人說她長期斷食，更有某些餐廳標榜天后是吃了他們的食物才變瘦的！不過按照本人講法，她僅僅是執行普通的飲食控制，注意食物熱量而已。
2. *"Maria by Callas."* Tom Volf, produced by Tom Volf etc., Sony Pictures Classics, 2018.DVD.

是否曾看過電影《為愛而聲》？如果有，最欣賞卡拉絲生命特質
的那個面向？最惋惜她生命旅程的那個轉彎？請藉文字書寫，省
思他人與自己的生命歷程。

非關《四季》～韋瓦第的歌聲魅影

提到韋瓦第，大家往往都只認識《四季》，可是這位作曲家最厲害的手筆其實是藏在歌樂裡。造訪威尼斯聖瑪利亞痛苦之母堂的這天下午，我就遇見了他那高唱百年的歌聲魅影……。

威尼斯的《四季》之音

拜氣候暖化影響，這幾年歐洲的熱浪來得越來越早，氣溫也一年高過一年，才 6 月中，北義的溫度已直逼 40°C，令期待舒適天候的旅人大感吃不消！再加上歐洲人保存建築原貌的堅持，無論餐館、商店、劇院、音樂廳，亦或是旅館公寓大多沒有新興冷氣設備，導致在火傘高張的烈日蒸騰下，人們中暑送醫甚至脫水喪命的消息時有所聞。有鑑於此，為了避免自己也在長途旅行中掃興掛病號，晴空艷陽的午後我們乾脆捨棄貢朵拉遊河的觀光行程，取而代之以步行穿梭在有遮蔭的曲折巷弄間，上上下下無數大橋小橋，蜿蜒前往威尼斯重要的音樂景點——聖瑪利亞痛苦之母堂。

一如歐洲人不斷修繕老教堂的習慣，我們迂迴抵達聖瑪利亞痛苦之

母堂這天，就不巧遇到教堂正面被粗厚帆布包覆起來，進行為期數年的古蹟修復工程。雖然，這般的湊巧讓我的殷切企盼頓感失落，所幸外圍施工不影響內部參訪，渴望瞻仰音樂聖殿的我們在教會職員引導下重拾揚昂心情，謹慎穿越木板鋼架搭起的臨時通道，探頭邁入這座古色古香，卻依舊散發著清新氣息的小堂裡。

倘若與威尼斯赫赫有名的教會建築，譬如被稱作「金色聖殿」的聖馬可大教堂或建築宗師帕拉底歐精心設計的聖喬治馬焦雷聖殿相比，位於斯拉夫人堤岸旁的聖瑪利亞痛苦之母堂除了威尼斯知名畫家提埃波羅幾幅穹頂壁畫外[1]，實在欠缺華貴之處。但所謂「山不在高，有仙則名」[2]，這座小教堂在歷史上的聲譽非關氣勢僅關人事，因為與它密不可分的名字，正是譜寫了《四季小提琴協奏曲》的韋瓦第。

紅髮神父韋瓦第

曾經行腳威尼斯的人應該都有這樣的經驗：除非刻意把耳朵關起來或練過充耳不聞的功夫，否則從街頭藝人、商店播送、餐廳配樂，到演奏家排練……許多地方都可以聽見《四季》樂饗，《四季》等於是威尼斯的主題曲，也是吸引觀光客的賣點，它是威尼斯古典樂的代名詞，更是當代威尼斯人致敬韋瓦第的方式。然而令人莞爾的是，直至今天為止，《四季》的創作時空是否歸屬威尼斯仍有爭議，畢竟水都土生土長的韋瓦第 1718 年四十不惑時曾短暫離開故鄉赴曼圖亞菲利普王子的宮廷工作，所以那幾年完稿的《四季》究竟靈感源自何地實難臆測。我們

上圖：威尼斯舉世聞名的聖馬可大教堂。
下圖：聖瑪利亞痛苦之母堂內部，抬頭可看見圍繞教堂上方的金屬窗櫺。

只能確定，如果憑《四季》留名的韋瓦第不曾任職聖瑪利亞痛苦之母堂，這座在各個方面皆不起眼的小教堂必會被埋沒在歐洲數不清的碧瓦朱檐裡，而我們朝聖的步履也絕不會遠來此地。

絃歌不輟的孤兒院

　　進入教堂的剎那彷彿倏忽與世隔絕，剛才一路走來聖馬可水道上遊客們熱鬧非凡的擾攘喧囂瞬間靜默，使人不禁懷疑自己身處何境？我們虔敬經過入口處教會創辦人彼德魯喬·阿西西的雕像後便趨前坐在靠近主祭台的木頭長椅稍事休息，一邊用棉質手帕擦拭顆顆豆大汗珠一邊環顧打量聖堂細節，尤其是在諸多文獻裡讀過，高出平面一層樓、幾近 360° 圍繞教堂上方的金屬窗櫺，那兒，正是聖瑪利亞痛苦之母堂之所以別緻迷人的地方。

聖瑪利亞痛苦之母堂入口處彼德魯喬·阿西西的雕像。

　　就性質而論，儘管聖瑪利亞痛苦之母堂如同多數教會，會定期舉行引領信徒禱告懺悔的各項禮拜，但相較於普通教堂，它多了一項表演劇場的功能，因為這座小堂從 14 世紀開始至 19 世紀初葉為止隸屬慈善孤兒院所有 [3]，它是讓無父無母的孤女們能憑一己之力賺取生活所需的音樂廳。

時光回溯至 1335 年，當時天主教方濟各會的修道士彼德魯喬‧阿西西心疼棄嬰可憐，於是發願慈悲，無償收養被遺棄在威尼斯幽暗巷弄的新生兒，挽救這些因私生、殘疾、戰爭、貧窮而遭父母撇下的小生命餓凍夭亡或溺斃運河的悲慘宿命。日子一久，彼德魯喬‧阿西西的善行深深感動民眾，促使威尼斯大議會在 1346 年通過政令，建造專門收容棄嬰的慈善孤兒院，那「慈善」之名，即是從彼德魯喬‧阿西西最初收留嬰孩的感召 "pietà! pietà!"（憐憫哪！憐憫！）而來。

事實上，威尼斯同時期建立的收容所不只這一間[4]，慈善孤兒院脫穎而出得到歷史關注的緣由，是與它在音樂上的斐然碩果密切相連。原來，孤兒院設立之後，考量到威尼斯興盛的賞樂風氣以及教會本身在音樂上的優勢，負責教養的修士修女們靈機一動敲準算盤，不假思索便將音樂當作培育孩子的重點。他們替擁有音樂天賦的小孩聘僱教師，更鼓勵程度優越的女孩們直接在孤兒院附設的教堂演奏演唱，這樣的創意在女性歌唱家相對弱勢的古代蔚為奇觀，是唯有社經地位穩固、具備影響力幫助孤兒院的人士才有資格參與的特殊音樂饗宴。舉例來說，頻繁前往威尼斯度假的托斯卡納大公斐迪南多‧麥第奇[5]、生性浪漫的哲學家盧梭等人都曾是座上賓。不過，這群琴藝超凡、歌藝卓絕的孤女並不允許以清晰面目示人，因此我坐在木頭長椅上情不自禁不斷凝望的高處窗櫺，就成了讓慕名而來的騷人墨客只聞其聲、難見其人的最佳隱蔽所[6]。

由於長年隔離俗事專注習樂，被譽為「合唱的女兒」的孤女們才華洋溢，幾乎人人在歌唱之外，還兼備演奏多種樂器的能力，造詣之高妙

絕不遜於職業音樂家，她們絃歌不輟揚名千里的結果，意外讓孤兒院小巧的教堂成為歐洲聆賞天籟的表演場，渴慕美聲的遊客絡繹不絕，對曲目的需求也越來越多元龐雜。正因如此，以音樂見長又服務於相同教區的紅髮神父韋瓦第，就成了孤兒院僱用教師的不二人選。

上圖：　教堂上方的金色窗櫺高於人身，是孤女們唱歌表演當下巧掩面容之所。
下圖：　在斯拉夫人堤岸遠眺聖喬治馬焦雷聖殿。

紅髮神父的傳奇

　　韋瓦第嬰兒時期塗抹聖油的聖喬凡尼
教堂位在聖瑪利亞痛苦之母堂東北面，過
一座墳塚橋步行不到五分鐘即可抵達，是
古典樂迷造訪威尼斯時必定會探索的熱
點。換言之，韋瓦第本來就是這個區域出
生成長的人，對聖瑪利亞痛苦之母堂以音
樂培育孤女的方式再熟悉不過。

聖喬凡尼教堂外牆上的石牌誌刻
著：「人稱『紅髮神父』的偉大音
樂家韋瓦第，1678 年 3 月 4 日出生
在此教區，在這座教堂接受洗禮。」

　　關於歷史上傳聞韋瓦第誕生時威尼斯發生地震一事，我總認為是史
學家們的穿鑿附會，因為這趟旅行途中我遍尋威尼斯各種紀錄，總是找
不著 1678 年 3 月發生地震的描述，這應該是「偉人降臨必有異相」的
一種謠言，用以滿足樂迷心底偶像獨一無二的傳奇性。

　　其實，就現實層面來說，韋瓦第即使不靠地震假托，本身的傳奇性
也已相當有看頭。他因早產導致的心臟功能不全外加哮喘令父母憂心忡
忡，在嬰兒夭折屢見不鮮的 17 世紀唯恐這個孩子難以養活。在那個當
下，焦慮的母親卡蜜拉別無他法，唯有求助上帝。她向神許下大願，承
諾如果這個孱弱的嬰孩能夠蒙神恩寵平安長大，就將他奉獻給教會、奉
獻給神！結果，不知是神蹟還是命硬，韋瓦第順利度過童年，還在愛樂
父親的薰陶下成為提琴高手，演奏創作游刃有餘，多才多藝聞名鄰里，
倘若沒有母親多年前發下的誓願，頗具天份的少年韋瓦第成為傑出作曲

古色古香的聖喬凡尼教堂是韋瓦第受洗的地方。

家的目標指日可期。

可是，畢竟許諾上蒼非同兒戲，明白自己義務的韋瓦第 15 歲時信守母親對神的誓約投身教會，認命擔起神父職責，所以遺傳爸爸紅色髮色的他，便擁有了「紅髮神父」的稱號。

思緒至此，我放下沉甸甸的背包站起身，默默走到教堂斜角韋瓦第半身像前細細端詳，「那雙閃亮眼睛的背後，藏著一個活潑的靈魂吧！」我心想。他怎麼可能甘於神職人員規律寂靜的生活呢？無怪乎他的彌撒主持老是因為要速速記下乍現的創作靈感而中斷，還遭教會上級「下放」到此處當孤兒們的音樂老師。

韋瓦第的半身雕像。

幸好，對鍾愛音樂的靈魂而言，這種「下放」非但不是壞事，還是解放的開始！突然得到一大批學生的韋瓦第欣喜雀躍，盡情發揮所長，除了大量譜寫各類聖樂外，更過癮的藉由孤女們人數充足的合唱合奏，進行前所未有的**聲響實驗**。他大張旗鼓，將教會以《聖經》故事為基底的神劇當做時下流行的歌劇來經營[7]，音樂表情生動、音量變化誇張、歌唱技巧力求突破，大有顛覆神劇莊嚴傳統的意味，就算是今天聽聞，仍會不禁睜眼咋舌！最著名的例證，就體現在他唯一存留後世的神劇《茱蒂塔的勝利》當中。

備妥心底的火炬毒蛇

　　但凡對藝術史稍有接觸的人，必然聽過畫家卡拉瓦喬的名字，這位深受威尼斯畫派影響的大師人生如謎，卻留下質量可觀的色澤光影。由於大力支持卡拉瓦喬的贊助者——威尼斯貴族世家出生的紅衣主教方濟各・蒙特定居羅馬，因而卡拉瓦喬最經典的畫作也多被收藏在羅馬各個博物館當中[8]。其中，典藏在巴貝里尼宮[9]的《茱蒂塔與赫羅弗尼》是卡拉瓦喬筆刷下最吸睛的前十名，它的詭異構圖、逼真紋理、鮮血直噴，讓我花好長時間才敢直視那樣的狂暴！至於蘊藏在畫裡的典故，更令人稱奇！

畫家卡拉瓦喬的《茱蒂塔與赫羅弗尼》將驚險恐怖的暗殺描繪得栩栩如生，這幅畫如今被收藏在羅馬的巴貝里尼宮。(Caravaggio, CC BY-SA 4.0)

　　根據《舊約聖經‧友弟德傳》[10] 的記載，西元前六世紀到七世紀間，強大的亞述帝國四處劫掠、霸道橫行！某次爭戰中，亞述帝國的將軍赫羅弗尼大舉入侵猶太人安居的伯肅利亞城，眼看就要殘忍滅絕城中猶太人。當時，冷血的赫羅弗尼將軍對猶太人的求和無動於衷，所以想要解救族人的年輕寡婦茱蒂塔心生美人計，帶著貼身女僕混入赫羅弗尼大營，巧妙利用女人魅力讓赫羅弗尼醉醺醺卸下衣衫與心房。緊接著，眼看機不可失的茱蒂塔在女僕幫助下，快手用赫羅弗尼的劍砍斷赫羅弗尼首級，逼痛失大將的亞述軍隊潰敗竄逃，挽救了岌岌可危的同胞故土！

　　事實上，除了卡拉瓦喬外，古往今來許多畫家都著墨過茱蒂塔的英勇事蹟，然而鮮少人能夠超越卡拉瓦喬筆下的猙獰；這就如同自古即今許多作曲家也常藉茱蒂塔為題譜寫樂曲，可是真正能在音樂上替茱蒂塔留名者，也僅有韋瓦第而已。在神劇《茱蒂塔的勝利》中，韋瓦第為了刻畫女主角茱蒂塔對兇殘赫羅弗尼的憤恨以及無論如何都要剷除殺人魔的意志，他與撰寫唱詞的卡塞第用「火炬」和「毒蛇」當譬喻，增溫熱度怨怒，成就茱蒂塔深入敵營的主題歌〈備妥心底的火炬與毒蛇〉！🎧猶記我第一次聽聞這首曲子時，整個人怔愣得瞠目結舌，根本難以置信那是神劇音樂，更無法想像如此的狂野是出自神父手筆！它奇險的旋律、炫耀的花腔，沒有超級實力的歌唱家哪敢開口！普通人也休想隨意哼起來！難怪今天頂尖的歌者常在音樂會上以挑戰這首歌曲為傲，要證明自己的唱功配得上紅髮神父的搖滾！

　　神劇《茱蒂塔的勝利》1716 年寫成後，多次在韋瓦第任教的慈善孤兒院教堂演出，由金屬窗櫺後方容貌朦朧的未具名孤女擔綱華彩茱蒂塔唱段，她必然優異的嗓音受到威尼斯上流社會極大讚響，也讓作曲家洋洋灑灑的才氣獲得更上層樓的肯定！我在韋瓦第半身像前掛上耳機，點擊 YouTube Music 重聽〈火炬毒蛇〉，慷慨激昂間竟感覺大師澄澈的眼神比起剛剛又晶亮了一些……。

神劇裡埋藏的政治心機

　　我一直認為，韋瓦第儘管順應母命穿上神父祭披，但實際上卻是一位比俗世之人還入世的人，磨蹭時局搏取版面的功力比起真正的從政者不遑多讓，此話怎講？原來啊，韋瓦第 1716 年創作神劇《茱蒂塔的勝利》的起因，與這一年威尼斯共和國險勝鄂圖曼土耳其帝國的一場苦戰有關。

　　一向稱霸海洋的威尼斯共和國 16、17 世紀棋逢敵手，被後起之秀鄂圖曼土耳其攪得烏煙瘴氣。這兩頭猛獸為圖各自生存權勢，不斷明爭暗奪各種資源，而具備戰略地位的島嶼，就是他們難免時時兵戎相見的著火點！1714 年，鄂圖曼土耳其第七次強佔原本屬於威尼斯的科孚島 [11]，促使國運下滑的威尼斯不得不尋求奧援，聯合神聖羅馬帝國共同夾殺伊斯蘭爪牙。三方歷經長時間浴血角力，威尼斯共和國終於在 1716 年夏天收復科孚島，將鄂圖曼土耳其帝國的野心擋在巴爾幹半島東面，再次

宣示亞得里亞海域周圍的主權！而韋瓦第昂揚的神劇《茱蒂塔的勝利》就是藉茱蒂塔冒險砍殺赫羅弗尼將軍的典故，狂賀威尼斯奮勇奪回科孚島的禮讚！據傳這部作品當年在孤兒院教堂演出時，戰場上抗敵有功的舒倫伯格將軍還親自出席，可見任教孤兒院的韋瓦第在威尼斯政商名流間擁有怎樣的不凡聲名！

對於創造力蓬勃的作曲家來說，聖俗本難一刀劃界，韋瓦第任教孤兒院之餘，其實長年兼職聖安傑洛劇院經理人，依靠創作與製作歌劇賺進可觀財富。不只在威尼斯黃金地段坐擁豪宅，還高調搭乘私家貢朵拉，華貴豪奢引人側目，完全可說是宗教界異數，如果因此立下宿敵、引發同袍厭惡也在意料之中！他這般毫不掩飾對金錢特權嚮往的性格，致使他在男女關係上也比較不顧分際，容易忽視世人對神父操守的期待，和安娜・吉羅的不倫曖昧就是具體明證，這椿醜聞重傷韋瓦第形象，更直接埋下他花甲之年被逐出威尼斯、命喪維也納的禍根 [12]。

威尼斯運河一景。

教堂的真相

不知在聖瑪利亞痛苦之母堂待了多久，步出教堂時天邊已暈染一抹昏黃。忘了時間的我們快快加緊腳步，打算穿越墳塚橋，趕在韋瓦第受洗的聖喬凡尼教堂關門前進去瞻仰一番。

正往東挪移時，我忽然「啊！」的驚叫一聲，讓身旁的先生誤以為我將什麼貴重物品遺留在方才朝聖得出神的小教堂。殊不知這聲「啊！」無關物品，而是我瞬間對自己在聖瑪利亞痛苦之母堂裡戴著耳機的神遊啼笑皆非！

「韋瓦第根本不知道有這間小堂的存在吧！這座教堂是 1745 年威尼斯建築師喬治・瑪薩里替慈善孤兒院設計的新建築，那時韋瓦第已經過世 4 年了！他在威尼斯執教鞭帶領孤女們演出的舊址，應該是聖瑪利亞痛苦之母堂隔壁，早已搖身變成『大都會酒店』的地方！」猛然憶起正確歷史的我一邊尖聲對先生解釋，一邊懊惱沒有多餘時間進去大都會酒店參訪，就算只是喝杯咖啡也甘願！一向驕傲記憶力精確的我頓覺自己也不過是附庸風雅的觀光客，儘管聖瑪利亞痛苦之母堂不像匈奴王阿提拉的虛擬王座那麼不真實 [13]，但就某種程度而言，都有假借名人提升名氣的嫌疑！因為倘若論及真正與聖瑪利亞痛苦之母堂緣分深厚的人，理應是韋瓦第的得意門生——拉小提琴的安娜・瑪莉亞 [14] 才對！安娜・瑪莉亞得自韋瓦第真傳，琴藝卓絕聞名千里，她延續師恩任教慈善孤兒院，在新蓋的小教堂將一生所學奉獻給和她有著類似命運的女孩們，堅

毅勤勉以身作則，是苦命孤女在男性主導時代翻轉人生的最佳表率！如同音樂之父巴哈長眠聖湯瑪斯教堂，安娜·瑪莉亞1782年圓滿人間使命後，也長眠在聖瑪利亞痛苦之母堂主祭台大理石的下方，永遠守護這方聖殿，遺憾她名氣不及老師韋瓦第，反而經常被世人忽略過去……。

「沒關係啦！『大都會酒店』就留下一次！我們一定會再來啊！」先生篤定的說。「好吧就……等下次……」我回應的語氣難掩失落。可是，剛剛那一個下午澎湃聽著〈火炬毒蛇〉的遙想又算什麼？我實在得找個說法替自己的一時不察解圍……。啊！索性，就把它當作另類的歌聲魅影吧！那魅影沒有可怕的恐懼，它是我與韋瓦第在錯置時空裡擦身交錯的驚奇！🐾

聖瑪利亞痛苦之母堂外的斯拉夫人堤岸，觀光客絡繹不絕。

韋瓦第的得意門生安娜‧瑪莉亞就長眠在主祭台下方，永遠守護這個庇護她、成就她的孤兒之家。

🎧 影音欣賞：

1. 英國 BBC 電視台在聖瑪利亞痛苦之母堂模擬孤女們唱歌的音樂紀錄片。

2. 韋瓦第的名曲〈備妥心底的火炬與毒蛇〉

影音連結：https://pse.is/3lfkry

景點推薦：

1. 威尼斯聖瑪利亞痛苦之母堂

2. 威尼斯聖喬凡尼教堂

3. 羅馬博爾蓋塞美術館

4. 羅馬巴貝里尼宮

掃描 QR Code 可看到景點在 Google map 上的位置及其相關資訊

讀完韋瓦第非關《四季》的文章後，對於音樂或旅行有任何感想嗎？倘若擁有關於威尼斯的回憶，或者將來想造訪威尼斯的願望，不妨試著用文字記錄下來吧！

注釋

1. 畫家提埃波羅是威尼斯出生的船長之子，也是威尼斯畫派最重要畫家之一，他在聖瑪利亞痛苦之母堂的三幅穹頂畫包括《堡壘與和平》、《神學的美德》，以及《信仰的勝利》，展現典型提埃波羅開闊透視的風格，是這座小教堂重要的藝術作品。

2. 典出劉禹錫《陋室銘》之名句：「山不在高，有仙則名；水不在深，有龍則靈。斯是陋室，惟吾德馨。」

3. 收養孤兒的慈善孤兒院雖然已不復存在，但直至今日這座小堂依舊隸屬於「威尼托大區聖馬利亞棄嬰研究基金會」所有，專注於保存古代關於孤兒院孩子們在威尼斯歷史上走過的一頁非凡。

4. 威尼斯同時期建立的收容所還包括了「傷殘收容所」、「乞丐收容所」、「聖若望與保祿」等機構，但慈善孤兒院因為在音樂上的高成就，名氣廣為世人所知。

5. 熱愛音樂的斐迪南多‧麥第奇對古典音樂至關重要，他曾大力贊助鋼琴的發明，對樂器發展貢獻卓著。

6. 聖瑪利亞痛苦之母堂上方金屬窗櫺的高度高於人身，讓觀眾很難看清站在其後表演的歌者面容。英國 BBC 電視台曾經還原歷史現場，拍攝孤女們在金屬窗櫺後頭歌詠的紀錄片，提供今日愛樂人遙想當年的畫面。🎧

7. 歌劇與神劇主要的差別在於：「歌劇」的劇情是來自世俗的歷史與故事，演出地點是在歌劇院，歌者有多元歌聲、不同角色、還有多采多姿的扮相；「神劇」的劇情則是來自《聖經》的歷史與故事，演出地點多在教堂，歌者有多元歌聲、不同角色、但「不會」有多采多姿的扮相，他們是穿著端莊的西裝或禮服來演唱。我們可以簡單的將神劇理解為《聖經》故事的歌劇化，只是歌唱家不會有扮相而已。

8. 全世界收藏最多卡拉瓦喬作品的地方，是羅馬的「博爾蓋塞美術館」，此地是藝術史愛好者一生一定要走訪一次的地方。

9. 巴貝里尼宮是「羅馬古代藝術美術館」的一個區域，另一區域則是科西尼宮。

10. 友弟德是茱蒂塔名字的懷舊翻譯，換言之，友弟德指的就是茱蒂塔這位女子的名字。

11. 柯孚島又稱科基拉島，由於地理位置特殊，自古以來是兵家必爭之地，今日主權歸屬希臘。

12. 韋瓦第因為與歌唱家安娜・吉羅的誹聞重創形象，不得不離開故鄉威尼斯至維也納謀職，但時不我予，在維也納不得志的他 1741 年魂斷異鄉，就連墳塚都灰飛煙滅。

13. 關於匈奴王阿提拉虛擬的王座，請閱讀本書〈不屬於威尼斯人的威尼斯～新冠肺炎與阿提拉的省思〉，頁 136。

14. 安娜・瑪莉亞是被遺棄在聖瑪利亞痛苦之母堂的孤女之一，天賦異稟精通各種樂器，是韋瓦第最傑出的學生，韋瓦第曾為她譜寫多部華美之作。而生來沒有姓氏的她，就以姓「小提琴」流芳後世，所以今天，愛樂人都稱呼她為「拉小提琴的安娜・瑪莉亞」。

不屬於威尼斯人的威尼斯～

新冠肺炎與阿提拉的省思

這兩年在新冠肺炎浩劫下，威尼斯觀光產業大受影響，經濟也受到震盪衝擊。其實，這個美麗的水都自古命運多曲折，它的創建本身就與一場人為災難密不可分！漂浮之島的過去與未來，是值得深思的課題。

難得擁有故鄉美景的威尼斯畫家

2020 年初新冠病毒狂襲歐洲，北義大利疫情之嚴峻格外引發全球關注，這波被稱為世紀災難的嚴重特殊傳染性肺炎可以在極短時間內壓垮醫療體系，逼各國政府不得不祭出鐵腕，用鎖國封城的極端手段盡可能切斷病毒強大的傳播鏈，企圖在直線飆衝的染疫及死亡數字中力挽狂瀾。然而，封鎖策略直接影響的就是觀光產業，尤其是一年到頭遊客絡繹不絕的威尼斯，前所未見的空城景象對經濟的打擊遠勝任何一次海潮吞噬陸地的水患，「病毒」這位神出鬼沒的隱形敵人相較於表情萬變的海水更加棘手！我每天在社群媒體上滑著威尼斯藝文界對未來的擔憂，內心也難免隨之震盪起伏。

不過，在一片垂頭喪氣聲中有位異數，這個人是我的畫家朋友

Domenico Sorrentino，他一枝獨秀於愁雲慘霧之上，不沮喪不埋怨，日日把握空城歲月四處作畫，社群貼文裡只見他的畫架一會兒西一會兒東，在四下無人的威尼斯緊戴口罩幻化一幅幅水都美景，甚至還苦中作樂自嘲說：「快啊快啊！就趁威尼斯沒有觀光客的時候，愛畫哪個角度就畫哪個角度，我們威尼斯人終於重新擁有威尼斯[1]！」如此樂觀的朗豁贏得眾多讚聲，也讓一向欣賞他典雅幽默畫風的我由衷佩服。

　　事實上，新冠疫情爆發前的幾個月，威尼斯才剛剛遭逢氾濫橫流的末世惡水，天災外加人禍造成 2019 年 11 月汛期的水位直逼歷史紀錄[2]，旅客們驚險避難的畫面比比皆是。這一場久久不退的大潮將教堂古物、沈船書店[3]毀於旦夕，商店餐廳的損失更難以數計。當時，Domenico 在藝廊和藝品店展售的畫作無一倖免全部泡水，心疼的他曾上傳作品漂浮報廢的短片給朋友們見識水威！未料，水患過後沒多久又來兇猛疫疾，威尼斯儘管風光明媚一如往昔，卻難掩輾轉折騰的落寞孤寂。

擁有「全世界最美麗二手書店」美譽的威尼斯沈船書店，店內貢朵拉小船滿載書本的擺設風味十足。

　　正因如此，Domenico 平和面對接連天災帶來事業低谷的姿態益顯珍貴，畢竟此時怨天尤人、遷怒咒罵只是白白耗費氣力抵抗力，不如靜下心思考非常時期的出路或許還能另闢柳暗花明的風景。果然，他「趁威尼斯沒有觀光客的時候，愛畫哪個角度就畫哪個角度」的通達，不僅讓他在封城期間量產畫作，大幅躍進的線條色彩更替他在逐步解封後爭取到不少能見度頗高的參展機會。災難啟發藝術的力道超乎世人想像，而人類妥切應對難關的態度也往往能匯集正念，激長絕處逢生的嫩枝綠芽。Domenico 為自己繪畫事業轉念的智慧是這樣，威尼斯這座潟湖之島本身的來由亦然。

威尼斯運河一景。

狼狽逃難的棲身之地

　　話說西元4世紀末，羅馬帝國一分為二，分為「東羅馬帝國」與「西羅馬帝國」。東羅馬帝國在君士坦丁大帝統御下以君士坦丁堡，即今日之伊斯坦堡為都，稱霸原羅馬帝國東面；至於定都義大利 4 東岸拉文納的，則是相對孱弱的西羅馬帝國。西羅馬帝國自它的首位皇帝霍諾留接掌以來，長年缺乏組織齊備的領導團隊，傳位到 5 世紀瓦倫提尼安三世皇帝時，國家已如風雨危樓、不堪一擊！偏偏這些年，行動迅猛，被史學家稱作「上帝之鞭」的匈奴王阿提拉急欲開疆拓土、瞄準義大利，但凡他鐵騎所到之處，人們全都抱頭鼠竄、屁滾尿流！而當他帶領蠻夷大軍挺進義大利東北角阿奎萊亞一帶時，居住附近的西羅馬帝國百姓無處可逃，躲到山裡有斷糧危機，南往首都拉文納或聖城羅馬也不妥，路途遙迢之外，阿提拉要攻陷的目標正是拉文納與羅馬！

　　生死存亡之際，僅剩信仰能依靠的庶民們透過禱告獲得神啟，爬上塔樓四處瞭望，希冀眼目所及就有神的應許之地。恰巧，那個當下適逢退潮，西南海面裸露的沙洲沼澤雖然分散零落，卻是這批無辜蒼生唯一可以保住性命的天堂。於是乎大伙兒毫不遲疑，扶老攜幼大包小包奔走海上，認為離陸地越遠，越能避開殺人不眨眼的狂魔阿提拉！

　　自該刻起歷經幾世紀淬鍊，原本絕境逃生的避難所，步步蛻變成日後吸引無數旅人的美麗水都。這群難民的子子孫孫從外圍島嶼，如托爾切洛島、麗都、布拉諾島……逐「島」搬進更易守難攻的威尼斯，

世世代代將這麼漂浮的不確定當作家園珍惜。威尼斯的義大利文芳名 Venezia 源自當地的原住民 Veneti，剛好和古希臘羅馬神話中的航海女神 Venus 相同字首，似乎早已喻示威尼斯人與海為伍的命運。儘管阿提拉的蠻力滅絕了西羅馬帝國的氣運[5]，卻同時造就威尼斯的傳奇，歷史冥冥的運化，的確非凡人能預期。今天威尼斯本島北邊托爾切洛島上被假托為阿提拉王座的長官座椅[6]，是完全不曾來過這裡，也絲毫不知自己間接創造水都的匈奴王與潟湖的隔世聯繫，諧傳中，只要坐過這張王座就必會再次拜訪托爾切洛，如此的說法像許願也像祈願，畢竟以觀光收入為經濟命脈的威尼斯諸島，總盼著人們紛至沓來的川流不息。

位於托爾切洛省博物館前的阿提拉王座。
(Photographer : Ethan Doyle White)

阿提拉成就的歷史名畫

　　事實上，匈奴王阿提拉不只在進攻義大利期間間接形塑威尼斯，他對中世紀歐洲各個層面的衝擊令許多藝術家們也爭相以他為題……。

　　法國畫家德拉克羅瓦的名字對於稍有接觸歐洲繪畫的人而言必不陌生，他頌讚法國七月革命的《自由領導人民》、表達藝術靈魂相伴的

《喬治桑與蕭邦》[7]、以及反映內心批判思考的《穿著綠色背心的自畫像》……等等皆是羅浮宮的無價收藏，也是西方藝術史的重要篇章。那些情感真摯、層次豐富的作品除了將浪漫主義的美學觀點展現淋漓外，更體現時代滾輪的速度和搏動。我經常在端詳德拉克羅瓦筆觸的當下，耳畔不由自主浮現畫中靜止瞬間的聲響，他凝結在畫布上的動作表情似動似不動，栩栩如生呈現人性慾望在光陰長河裡的滔滔汩汩、嘶吼殺戮。緣此，以人物見長的德拉克羅瓦曾斷斷續續花費近 10 年歲月，把《阿提拉和他的野蠻部屬踐踏義大利與藝術》這段史實揮灑在巴黎波旁宮國民議會圖書館的穹頂半側，替風馳電掣的匈奴王留下左手持鋒利劍戟、右手使尖球連枷的狂暴形象。西方中心的觀念總一昧將阿提拉視為掠奪者，殊不知人各為己；倘若角度互換，刻苦耐勞、愛護同袍的阿提拉在他部屬人民眼裡也是無私奉獻的大英雄！

法國畫家德拉克羅瓦在巴黎波旁宮國民議會圖書館穹頂半側畫繪的《阿提拉和他的野蠻部屬踐踏義大利與藝術》，善於騎射的匈奴王左手持鋒利劍戟、右手使尖球連枷，形象狂暴！

　　無奈，成王敗寇的論述自古皆然，早在德拉克羅瓦之前，與達文西、米開朗基羅共擁「文藝復興三傑」美譽的拉斐爾已在梵蒂岡宗坐宮壁面上把神學無限上綱，將阿提拉攻打義大利卻壯志未酬的撤退歸功於神的威嚴。

　　原來，阿提拉踏過阿奎萊亞進攻拉文納後，西羅馬帝國懦弱的皇帝瓦倫提尼安三世嚇得不知所措，速速逃往聖城羅馬尋求教宗庇佑。想當然耳，阿提拉的鐵馬金戈怎肯罷休，日夜兼程緊追至羅馬城外！此時，信仰篤定、人格正直的教宗聖良一世親自到城門口迎接，對這位人人聞風喪膽的匈奴王曉以大義、勸他撤兵！拉斐爾在梵蒂岡的名作《教宗聖良一世與阿提拉的會面》裡企圖描繪的就是當天嶔崎磊落的教宗不費一兵一卒便解消匈奴激昂士氣的奇景，拉斐爾不僅刻意運用天色明暗對比正邪，聖良一世的頭頂甚至還有使徒聖彼得聖保羅護駕[8]，極盡所能強調上帝天威，就算是拔地參天的戰士，也休想入侵永恆的羅馬！

文藝復興三傑之一的拉斐爾所繪之《教宗聖良一世與阿提拉的會面》。圖畫中，教宗聖良一世上方有兩位使徒護駕，拿鑰匙的是聖彼得，另外一位是聖保羅。

　　然而根據史實，儘管阿提拉的確是在面會教宗後退兵，但真正的原因恐怕並非天恩浩蕩。首先，如同許多不可一世的梟雄，阿提拉在長年征戰的過程裡，犯過數次野心太旺導致戰線過長、補給不及的大忌。他西元 451 年沙隆戰役[9]的敗北是如此，隔年南闖義大利又重蹈覆轍、外強中乾，哪有本錢再領大軍耗在羅馬城外磨損元氣？再者，面對羅馬，阿提拉的心理素質還不夠強壯！因為 41 年前，西哥特國王亞拉里克一世正是肆無忌憚洗劫羅馬，不久就莫名暴斃歸西！這起事件深植阿提拉內心，彷若烏雲陰影揮之不去，難怪聖良一世只要輕輕暗示幾句，匈奴王滔天的膽子便頃刻如針戳氣球「啪！」無蹤無影！每回品味拉斐爾的阿提拉名畫，總覺心理戰術強過蠻力爭鬥，聖良一世的談判妙招果真高明！

　　不過，古往今來的藝術型態中，能將這位匈奴王從盛氣凌人到瓦解冰泮刻畫得最細膩的，是威爾第以斯人為名的歌劇《阿提拉》。

《阿提拉》的地鐵廣告，音樂是義大利人生活裡極為重要的一部分，在米蘭，處處是音樂會與歌劇演出的訊息。

歌劇裡的阿提拉

　　威爾第自《納布科》風靡米蘭以來 [10]，各方邀約如雪片紛飛，威尼斯鳳凰劇院、羅馬銀塔劇院、拿坡里聖卡洛歌劇院、佛羅倫斯佩格拉劇院⋯⋯，無不引頸企盼劇界新星氣象恢弘的旋律。1844 年春天，威爾第的作品《埃爾納尼》首度在水都亮相，對年輕作曲家而言，能否更上層樓在此一役！威尼斯人品味獨到，自古優越的藝術氛圍讓他們經常不受成見束縛，純粹依憑主觀喜好評斷作品。舉例來說，威尼斯人曾捧紅韓德爾，1709 年歌劇《阿格麗萍娜》在威尼斯巨大的成功替初出茅廬的韓德爾奠定日後穩立大不列顛的根基；威尼斯人也曾傷了貝里尼，1833 年歌劇《騰達的比阿特麗切》在鳳凰劇院平淡的反應令嘗過《夢遊女》、《諾瑪》斐然碩果的貝里尼心生暗怨，頭也不回北往巴黎。因此，威爾第水都試水溫的《埃爾納尼》絕對是事業走向的關鍵指標。

　　幸運的是，彷若註定的天王坦途，《埃爾納尼》1844 年 3 月鳳凰劇院首演之夜觀眾瘋狂的反應一舉將威爾第推上國際，不只如虎添翼，更平息懷疑的聲音。在經紀文化操控人事劇目的年代，威爾第這樣的人才是各方爭取的績優股，而同時握有南北諸多劇院權限的劇場大亨拉納里 [11] 想當然耳毫不遲疑，《埃爾納尼》掌聲未歇，便快手遞出合約，敦促威爾第一鼓作氣，速速替鳳凰創作同年秋季的劇碼，延續名氣熱度！未料，威爾第希望根據英國詩人拜倫張力十足的話劇 [12]《兩個佛斯卡利》譜寫同名歌劇的想法被威尼斯當局嚴厲拒絕，因為這部戲講述 15 世紀威尼斯總督佛斯卡利父子遭誣陷雙亡的悲慘情節無論真實性為何，

都有損威尼斯共和國的形象。於是乎，歌劇《兩個佛斯卡利》最終歸屬
羅馬銀塔劇院，至於威爾第再次獻給鳳凰舞台的，就是歌詠威尼斯起源
的《阿提拉》。

　　與德拉克羅瓦和拉斐爾的畫作相同，威爾第的歌劇《阿提拉》也著
眼匈奴王踐踏生靈的狂妄以及畏懼聖城的懦弱。然而透過流動起伏的音
樂戲劇，阿提拉隱藏在英雄氣概下的血肉之軀、撤兵後又命喪未婚妻刀
下的詭異傳奇更貼近人們看戲的窺探心理。歌劇中，阿提拉與敵對西羅
馬帝國將軍埃齊奧[13]（Ezio）談判的二重唱〈這幾年讓戰爭不眠不休的〉
🎧、阿提拉惡夢驚醒獨吟的〈就在我征服之心不可一世時〉🎧、埃齊

威尼斯鳳凰歌劇院內部。

奧感嘆國家榮耀已逝的〈在那永恆的山巔上〉🎧……等，都是劇情進展中極受青睞的曲目，尤其是二重唱裡埃齊奧將軍對阿提拉高唱的「你啊……會擁有全世界，但請把義大利留給我！」讓威爾第「愛國作曲家」的特質沁入人心。《阿提拉》1846 年 3 月 17 日鳳凰劇院問世後，儘管樂評普通，威尼斯人卻大力吹捧！對他們來說，這是一齣貼合故鄉的歌劇，是祖先胼手胝足的篳路藍縷，是歌樂藝術，也是歷史回顧！今天的樂迷們只要踏入鳳凰劇院立刻會發現，正門側邊販售書籍紀念品的商店，除了展售《弄臣》、《茶花女》的海報外，還有《阿提拉》首演海報的複製版，足見威尼斯人對這齣歌劇的推崇。威爾第聰明的選題，替自己墊高聲響，也替威尼斯人覓得歸依。

　　不過有趣的是，近年來令我印象深刻的《阿提拉》製作並不是出自威尼斯，而是在米蘭。

　　2018 年底，一向關注世界歌劇動態的我們專程前往米蘭斯卡拉歌劇院欣賞最新的《阿提拉》製作🎧。斯卡拉歌劇院資源充沛、陣容堅強，對於重點劇目的投資不惜重金，這年的《阿提拉》就是最佳明證。不僅化身匈奴王的俄國男低音阿布德拉札可夫將阿提拉的桀驁不馴詮釋得維妙維肖，舞台上借鏡電影特效的風起雲湧、煙霧瀰漫更令觀眾身歷其境。此外，雙方談判破裂瞬間的斷橋火光、教宗騎馬（是真的馬！）現身羅馬城門口時投射在電子螢幕上的巨幅拉斐爾名畫……，在在彰顯斯卡拉欲驚艷劇界的豪華手筆。雖然，當紅歌劇服裝設計師法拉斯基的戲服構思不是我們習慣的古代風格，但其布料材質的衝突自有一番和

諧對比的典雅粗獷。這些優越的舞台元素搭配樂團的跌宕聲響,〈前奏曲〉才起,就引領我們穿越時空回到中古世紀,那被烽煙戰火蹂躪得面目全非的城鎮廢墟……。

斯卡拉歌劇院的知音相遇

我一直很喜歡在看劇的休息時段與人交流,或者說,義大利劇院裡黑髮黃皮膚聽眾甚少,就算我們不主動,也經常會有熱情的外國人好奇與我們攀談,欣賞《阿提拉》這晚尤其是如此。由於歌唱家阿布德拉札可夫名氣加持,《阿提拉》票房早早直逼完售,在一樓平面沒有適當座位可選的情況下,我們索性購買二樓正面包廂,一來視野清晰,舞台各個角度一覽無遺;二來模擬尊榮,遙想古代名流隱身暗格的逸趣[14]。事實上在此之前,我們早已在其它歌劇院體驗過獨享包廂的寬廣,然而卻從未在滿場熱度下,要在容納六個人的小房間內與另外四位陌生人共擠一堂。列印門票的當下我先生調侃著說:「這次中場休息妳可以不必休息盡情聊天了!我們兩個的位置在中間,前後還各有兩個人,妳就好好交新朋友練義大利文!」我一聽大喜,因為得緣和其它劇迷互動的機會彌足珍貴,天南地北間總是能激發我對表演藝術及文化脈絡的不同觀點。

果然,提早到劇院的戲迷不只我們!在我撥開包廂絨簾探頭入座的時刻,已經有一對頂著閃亮銀髮的老先生老太太悠然坐在最前排的位置閒聊。似乎是命定的相遇那麼自然,他們轉頭向我們打招呼後,就直接

邀請我們加入他們的談天行列。原來,老先生 Louis 是英國人,從 20 幾歲開始就對義大利歌劇情有獨鍾,儘管英國擁有傲視全球的皇家歌劇院,但只要他出差義大利,一定會抽空泡在原汁原味的義大利劇院,畢竟這裡是歌劇發源地,義式劇院比起歐洲其它國家總多了一分正統的懷舊氣氛,離威爾第的音樂原貌也更近一些。至於 Rosa 女士則是他義大利分公司的同事,喜歡閱讀文學卻很少欣賞歌劇,Louis 今晚特別招待她共襄盛舉《阿提拉》,就是盼望激發她對歌劇的興趣。我一聽,馬上熱心對 Rosa 說:「您喜歡文學那就離喜歡歌劇不遠了!因為大多數歌劇的基底都是文學,今天的《阿提拉》是威爾第根據德國詩人威爾納的作品《匈奴王阿提拉》創作的劇目,而威爾第與《阿提拉》同時簽給經理人拉納里的歌劇《馬克白》[15] 是文學巨擘莎士比亞的最短悲劇!」

「啊……妳怎麼連威爾第跟誰簽約都知道?」Louis 等不及 Rosa 回應,就搶著向我追問。此時,座位在我們後方的另兩位義大利男子匆匆踏入包廂,劇院燈光也一明一暗輪替閃爍,預告歌劇即將開演,我們相互眨眼微笑調整坐姿,待中場休息再繼續聊戲……。

後來長達 30 分鐘的中場休息裡,Louis 與我包廂暢談無比開懷,愛好藝文的 Louis 久仰台北故宮博物院大名,讓我藉題發揮,趁機做國民外交,天南地北到連提供好酒好咖啡的劇院吧檯都捨不得去!我對 Louis 介紹台灣、介紹自己音樂導聆家的工作以及創辦音樂沙龍的種種,當然,也忘情的如講沙龍一般,滔滔不絕向擁有超過半世紀賞劇經驗的老先生講述許多逸趣橫生的作曲家故事,令他津津有味直呼有意思!

上圖： 米蘭斯卡拉歌劇院大手筆製作全新《阿提拉》，離開演時間尚早，觀眾卻幾乎滿場，可見大家對
　　　 新製作多麼期待！

下圖： 歌劇《阿提拉》謝幕，右邊數來第四位戲服上方沾染血跡的是飾演阿提拉的俄羅斯男低音阿布
　　　 德拉札可夫，他這幾年以阿提拉角色聞名全球。

Louis 豎起大拇指讚嘆我涵養廣博的同時，露出一抹神秘微笑湊到我耳畔促狹對我說：「今晚妳告訴我好多威爾第的秘密，那我也要告訴妳一個秘密，我 1965 年 7 月 5 日，曾經親臨卡拉絲引退前，在柯芬園 [16] 唱的最後一場《托斯卡》！」天哪！Louis 的這個祕密也太令人稱羨了！1965 年離我投胎此世尚遠，卡拉絲的現場是我無論如何都不可能企及的夢幻，看來老先生是要搬出天后壓陣，暗示我劇場裡誰才真正資深！

遺憾那難忘的美好之夜氣溫極低，劇院散場時緊裹大衣厚帽的我們誰都忘了留下對方的聯繫方式，加上 Louis 的年紀不習慣使用社群媒體，這段《阿提拉》之緣就這麼斷了音訊。新冠疫情襲擊英國期間，我常想起 Louis，不知他是否安好？Louis 對義大利歌劇數十年如一日的鍾愛，像極了英國歷史上的愛樂律師們，譬如苦追莫札特年齡的巴靈頓律師、創辦「羅森布拉特音樂會」的羅森布拉特律師……，他們是古典音樂忠實的擁護者，也是迷人聲音背後重要的支撐，衷心祈禱病毒迅猛的傳播，別折損了光陰醞釀的藝文 [17]。

末札

2020 年底因應秋冬疫情，義大利政府再下禁令關閉劇院音樂廳，唯有靜態的畫廊博物館得以開放，慰藉人們惴惴不安的心靈。畫家 Domenico 盡力秉持他「威尼斯人終於重新擁有威尼斯！」的樂觀揮灑顏色，不讓沮喪的畫面或語言出現在社群貼文裡。或許，這場疫疾就是

要敦促人們思考內省，要鍛鍊人們心志的強韌堅毅，要我們向被匈奴王逼到絕境、想方設法創造水都的先民看齊！

　　阿提拉與新冠病毒這兩位相隔一千五百多年的世紀強弩，一位逼人們避難威尼斯，一位讓威尼斯人重新擁有威尼斯，世事無常的變化，還真如漂浮之島，載浮……載沉……。🐾

影音欣賞：

1. 歌劇《阿提拉》二重唱〈這幾年讓戰爭不眠不休的〉

2. 歌劇《阿提拉》名曲〈就在我征服之心不可一世時〉

3. 歌劇《阿提拉》埃齊奧名曲〈在那永恆的山巔上〉

4. 米蘭斯卡拉歌劇院的歌劇《阿提拉》集錦

影音連結：https://pse.is/39j8xs

***

景點推薦：

1. 威尼斯沈船書店

2. 托爾切洛島 Trono di Attila

3. 米蘭斯卡拉歌劇院

4. 威尼斯鳳凰劇院

掃描 QR Code 可看到景點在 Google map 上的位置及其相關資訊

在讀這篇文章之前，聽說過匈奴王阿提拉的大名嗎？這樣的威尼斯傳奇是否改變了對海之都的印象或想像呢？書寫此刻的想法，作為與本文的對話。

注釋

1. 威尼斯本島長年被觀光客擠爆，所以真正的威尼斯人往往居住島外，通勤往返本島與內陸之間，感覺上並不真正擁有威尼斯。但新冠肺炎疫情爆發後，威尼斯觀光人數銳減，不僅水中的自然生態恢復平衡，就連真正的威尼斯人也意外重拾家園寧靜。

2. 威尼斯本是水鄉澤國，漲潮淹沒陸地也是常見的景況。根據 1923 年威尼斯有水位紀錄以來的記載，最高的淹水水位發生在 1966 年，當時的淹水水位為 1.94 公尺，驚駭程度不難想見！至於 2019 年大潮期間，威尼斯淹水水位高漲到 1.87 公尺，不但直逼歷史紀錄，而且潮勢久久不退，顯示義大利政府 2003 年以來施行治水「摩西計畫」未完全成功！更印證那些官商勾結貪腐傳言的真實性！這樣的情形令人不禁擔憂這個如世外桃源般的潟湖之島或許會在不久的將來消失於史流滔滔中。

3. 鄰近威尼斯「聖若望保祿大殿」的「沈船書店」被譽為「全世界最美的二手書店」，水都風情的陳設、古色古香的典籍，還有自由來去的貓咪……在在吸引愛書人與觀光客的眼睛，是行旅威尼斯時必訪的藝文景點之一。

4. 古代的義大利只是一個半島的地域概念，並不是一個統一的國家。義大利統一的契機要到 1860 年代才逐漸成形，特此說明。

5. 阿提拉西元 452 年攻破西羅馬帝國首都拉文納後，帝國氣運大傷，苟延殘喘至西元 476 年便灰飛煙滅，成為歷史名詞。

6. 托爾切洛島上的所謂「阿提拉王座」，其實是總督或主教開會時使用的座椅，這張座椅位於「托爾切洛省博物館」前，是遊歷威尼斯諸島時值得停駐的景點。

7. 《喬治桑與蕭邦》是德拉克羅瓦生前未完成的畫作，它「全圖的草稿」以及「蕭邦肖像」被收藏在法國羅浮宮。但「喬治桑的肖像」則被收藏在丹麥奧德羅普格園林博物館。換言之，這幅畫的兩個主角是被分開珍藏，宛如喬治桑與蕭邦的戀情終究無果一樣。

8. 圖畫中拿鑰匙的是聖彼得，另一位是聖保羅。這個典故出自《聖經·馬太福音》16 章 19 節：「我要把天國的鑰匙給你，凡你在地上所綑綁的，在天上也要綑綁；凡你在地上所釋放的，在天上也要釋放。」

9. 西元 451 年，阿提拉在今天法國香檳沙隆地區的沙隆戰役敗給西羅馬帝國大將軍埃提烏斯，隨後他的野心就轉向南方的義大利半島。

10. 關於歌劇《納布科》的故事，請閱讀連純慧著作《那些有意思的樂事》〈黑暗中的金色翅膀〉一文。

11. 更多拉納里的故事，請閱讀本書〈金色翡冷翠～時光長廊裡的馬克白〉一文，頁 58。

12. 歌劇的題材多選自既有的文學作品或話劇，選定後再由劇本作家改寫為可供譜曲的唱詞讓作曲家發揮。

13. 歌劇《阿提拉》裡的西羅馬帝國將軍埃齊奧指的就是真實歷史上的西羅馬帝國大將軍埃提烏斯。

14. 拿破崙破除階級以前，古代貴族花錢包下歌劇院包廂的重點並非賞戲，有人喬事、有人幽會、有人偷情、有人賭博……，總之，白天不方便光明正大做的事，都可以在夜晚的包廂裡進行。

15. 關於歌劇《馬克白》的軼事，請閱讀本書〈金色翡冷翠～時光長廊裡的馬克白〉一文，頁 45。

16. Louis 口中的柯芬園，指的就是英國皇家歌劇院。

17. 新冠疫情鋪天蓋地的感染，逼歐美歌劇院不得不停下腳步，忍痛取消許多既定的排練和演出。這樣的情況讓劇院各個部門收入大受影響，指揮家、歌唱家、舞蹈家染疫甚至喪命的消息頻傳，可謂文化藝術的浩劫。

藍天、月亮，與微風～克雷莫納小鎮琴懷

克雷莫納是舉世聞名的製琴古城，城內的阿馬蒂家族、斯特拉第瓦里家族、瓜奈里家族、貝貢吉家族皆為小提琴製作投注幾世幾代心力。此外，克雷莫納也有豐厚的歌劇傳承，是遊歷北義值得駐留之地。

火車停駛、友誼起始

愛旅行的族群總是流傳說：「沒有遇過罷工，等於沒有去過歐洲！」這句話，似乎每每應驗在我的歐遊旅途中。

由於久仰製琴古城克雷莫納盛名，從羅馬往北移動的過程裡我們特意安排幾天拜訪這座人口數與鶯歌相仿，卻深深影響五百多年來提琴音樂發展的小鎮。正因如此，上午義大利私鐵 Italo 的主幹線繞經波隆那後，我們必須搭乘支線區間車稍微迂迴，才來得及在天黑前抵達目的。

誰知事有輾轉，當我們搖搖晃晃坐著吱嘎轟隆的老舊火車至菲登札，氣喘吁吁手扛大行李爬上指定月台等待下段車程期間，不但怎麼盼都盼不到車子，還望見電子看板上的時刻表不斷更新「延遲」，令我心

底隱隱浮現大事不妙的焦慮。果然，原本一片沉寂的菲登札車站在一輛應該直接駛往米蘭的特快車戛然停靠後無奈廣播「今日所有車班取消！」讓旅客們噓聲四起。儘管當地一位被阿嬤用腳踏車載來看火車的小男孩因為見到紅色特快車連連大喊 *Italo! Italo!* [1] 可是對心繫他方的旅人們而言，這突如其來的罷工絕非兒戲，畢竟規模迷你的市鎮交通不易、計程車代價高，六神無主的過客們真是慌得快跳腳！

擾嚷吵雜間，一向堅信辦法長在嘴巴上的我急中生智，在紛紛離開月台的人潮中及時求助一名相貌友善的義大利青年，表明我們要前往40公里外克雷莫納的尷尬。幸運的是，人與人的相遇誠然前世因緣，這位青年竟剛巧是克雷莫納人，這般窘境下也得另謀他法回家。從小到大擁有無數火車無故罷駛經驗的他一邊熱心幫我提過沉甸行李，一邊爽

小男生喜歡看火車古今中外皆然。我們遇到火車罷駛這天，一位菲登札小男孩因為見到紅色特快車興奮雀躍，連連大喊〝Italo！Italo！〞

朗對我們說：「我叫 Marco，你們跟我去櫃台詢問吧！他們理應要換免費公車票給大家，以往都是這樣！換到票就去旁邊的公車站牌等車，今天火車泡湯，但感謝上蒼，公車照常！」這幾句話彷若定心丸，使人頓時安心不少！於是，我們緊隨 Marco 腳步快速移動至櫃台爭取換票，四十分鐘後公車上彼此暢談交流的愜意，已將一小時前遭逢火車罷工的驚惶拋到九霄雲外去！

布塞托的天王善舉

　　原來，從事設計工作的 Marco 一個多月前因為難以突破的瓶頸南往佛羅倫斯尋求友人的支持與建議，直至昨日才心滿意足決定回家，沒想到歸途最後一段遇見我們，「恰好將我這個月儲備滿滿的正能量流動出去！」他眨著炯炯有神的雙眸誠摯敘述著⋯⋯「如果小提琴之外你們還對其它事物有興趣，一定要記得參觀鐘樓，克雷莫納的鐘樓高度是義大利之冠，上面還鑲著全世界最大的天文鐘，那幢鐘樓是我們克雷莫納人生活的中心，這個季節在它附近的戶外餐館小食小酌特別舒服，輕盈的微風會讓人不知不覺度過一下午！而且，拿破崙進攻義大利時勢力止於帕爾馬，克雷莫納沒有任何『法式革命』的痕跡！」熱情 Marco 對故鄉的滔滔不絕喚醒我深眠的記憶。是的，19 世紀初拿破崙鐵騎穿越聖伯納隧道硬闖亞平寧半島，以迅雷不及掩耳之效率併納各個公國，成為歷史上統一義大利的第一人。1802 年，強徵豪奪的梟雄把帕爾馬公國交予他的第二任妻子瑪麗・露易絲[2] 管轄，這就是為何劇場天王威爾

上圖： 高聳擎天的建築是克雷莫納鐘樓，鑲嵌在其上的，是目前全世界最大的天文鐘。
下圖： 鐘樓前的廣場是克雷莫納人生活中心，附近餐廳會將桌椅擺放廣場側，讓用餐的客人享用美食
　　　 的同時享受上天賜與的清朗藍天。

第的出生證明是用法文記載的緣故，大師呱呱墜地的勒朗科來位於帕爾馬西北境，少年時期求學的布塞托也是……。

　　正思及此，一股農村特有的豬屎味撲鼻而來，「這裡是布塞托，那一綑綑稻草是餵養牛豬的！開過布塞托就快到克雷莫納了！」Marco 如導遊般的解說，促使我不顧刺嗆糞香，拉長脖子向窗外張望，霎時間，斑駁模糊的 Ospedale[3] G. Verdi 字樣閃入眼簾，「這是威爾第蓋的慈善醫院哪！你們看！那不是大師雕像嗎？」我的狂喜驚動四座，讓車上一排乘客好奇轉頭！不明就裡的人還可能誤以為是哪個旅行團在遊歷觀光！

　　我對這間醫院深刻的印象全拜享譽國際的王牌導演卡斯特拉尼長達十個半小時的《威爾第傳記》所賜，這部電視連續劇的製作概念如同他1973 年勇奪金球獎的《達文西傳記》，皆是實地取材、實景拍攝，力邀專家學者支援知識，企圖搭建當代觀眾與藝術大師間的光陰橋樑，堪稱義大利廣播電視公司最傲世的作品之一，就算今日重溫，價值依舊如故。在氣勢萬鈞的影集中，導演卡斯特拉尼將鏡頭回溯 1878 年左右的布塞托，當時這個僻靜農村沒有醫院、救護資源極度貧乏，居民生病或遇緊急事件只能送往 38 公里外的皮亞琴察，常常耽誤治療時機，甚或白白斷送性命！和妻子定居聖阿格塔莊園[4]的威爾第有鑑於此，思索醞釀替家園蓋醫院的計畫，十年後願力實踐、醫院落成，雖然初始僅可收治 12 名病患，但對人口稀少的村鎮來說已大有幫助，反映威爾第以鄉土為念的遠見[5]。

　　Marco 感知到我對威爾第的景仰，於是滑開手機，與我們分享如何從克雷莫納租車，一日遊玩布塞托的方式，附加他自己常光顧的優質店家，有餐廳、冰淇淋攤與咖啡館，直逼專業導覽手冊！這場火車罷駛的陰錯陽差，其實是上天安排的驚喜碰撞，為我們的音樂旅途，多點一盞腳邊的光。

　　公車顛簸穿過交雜碎石和柏油的農莊道路後，兩側開始出現林立店家，「歡迎來到我的家鄉！」Marco 的語調比方才更雀躍。因為這位克雷莫納人由衷的盛情，我未見提琴名城，已對提琴名城充滿好印象。車窗外藍天晴朗乾淨，彷彿畫家的彩筆即將在上頭揮灑！進入克雷莫納不到一刻鐘，我們便在火車站提琴形狀的裝置藝術前下車，擁抱合影互留聯繫，還約好下回一起喝咖啡的小聚，果然旅行途中的一切，是必須既來則安的隨喜。

因為有幸遇到熱情的 Marco，輾轉抵達克雷莫納的路程順利許多！這張照片是我們互道珍重前開心的合影。

入住藍色小提琴

　　鄰近火車站的萊蒙第宮是製琴學校之所在 [6]，每年吸引全球各地對提琴製作有濃厚抱負的學子千里迢迢來克雷莫納學習。手作工藝是極為艱苦的修練，與演奏家的養成難度並駕齊驅。一個人若非具備超量熱情、沉穩耐力，以及自己跟自己磨到天荒地老的堅持，很難在此深繁領域闖出一片天。換言之，在這個技術和美學必須無條件貼合的職人競技場上，半途泡沫者遠比登峰造極者多，要想產出市價百萬、千萬，甚至上億的樂器，得先獨擁傲視群雄的稟賦，再付出焚膏繼晷的努力才行。我拖拉行李經過萊蒙第宮門口的當下，一股敬意油然而生，不可思議一座十六世紀地僻人稀的小鎮，竟能夠安安靜靜、慢火細熬，在時光橫軸上把自身強項雕琢淋漓。不僅令全世界對它的斐然碩果昂首讚嘆，更營造出四方高手都願意齊心戮力的環境，讓文化絕技不分國籍薪火相傳，體現「《簫韶》九成，鳳凰來儀」[7] 的欣喜！事實上我們今晚要入住的公寓，就是一位從外地負笈克雷莫納習藝，最終定居此城的製琴師之家，它有個浪漫的名字，叫 Violino Azul ——藍色小提琴。

　　倘若探究詞意，Violino Azul 是義大利文「小提琴」與西班牙文「藍色」的合體，代表製琴師夫婦的背景。先生是南美哥倫比亞人，慕名至克雷莫納拜師後認識本地上班族妻子，相戀相守開花結果，一連孕育四個男孩！他們租賃給旅人的兩層樓房舍是新婚不久購置的住家，但因甜蜜滿盈人口加增，寬廣空間的需求敦促夫妻倆另覓新居，同時利用舊屋貼補收入。這幢公寓是我們絕少遇到的特色家庭住宅，男主人製琴職業

的投射將屋裡屋外妝點得「琴味」十足，無論畫作、盆栽、餐具、擺飾……皆琴影翩翩、溫馨柔軟，在在顯示整體經營的理念。我尤其喜歡他們用一片瑕疵琴版漆成的藍色小提琴，完全訴說西班牙語系國家高貴海藍與義大利樂器的深度結合，那是一種傳遞幸福的祝福，祝願下榻這兒的過客，都能感受到他們的「琴」意真誠。

製琴師夫婦經營的藍色小提琴公寓，裡裡外外縈繞樂意琴影，典雅溫馨令人欣喜，是漫遊小城的最佳選擇。

　　靈敏雙手和優越品味本是製琴師要件，他們的遠古宗師安德雷亞‧阿馬蒂便是此間佼佼。歷史上，誕生於16世紀初葉的阿馬蒂被認定是關鍵的提琴發明者之一，如今小提琴的拱形結構、流線外型，還有四絃數量[8]都源自他縝密實驗聲響的結論。據傳，重視藝術的佛羅倫斯麥第奇家族1533年將女兒凱薩琳嫁給法王亨利二世時曾向阿馬蒂訂購樂器當作嫁妝，凱薩琳亦在產下兒子查理九世後連續藉皇子名義要求阿馬蒂製作貴氣提琴以示豪奢，琴身上除了鑲金鍍銀外，還要有象徵皇室的徽紋彩繪，宛若在木頭上作畫一般！縱使今天，安德雷亞‧阿馬蒂專門替凱薩琳皇后打造的提琴多拍賣海外、歸屬歐美博物館[9]，可是當年麥第奇家族之提琴嫁粧卻是音樂史上極具傳播性的創舉，等同是為提琴們鋪紅毯搭舞台，閃閃亮亮躍登皇家宮殿，難怪英國製琴師約翰‧迪爾沃斯會形容：「從安德雷亞流傳下來的小提琴、中提琴、大提琴可看出，他樂器的每個環節都是透過藝術家之眼塑造……阿馬蒂的才華把小提琴從農家娛樂提升到宮廷綴飾的境界。」[10]而有心的製琴師，可以將這巧奪天工的觀念運用到居住環境的各個層面，我們駐留的藍色小提琴就是如此。

從佛羅倫斯麥第奇家族嫁至法國的凱薩琳皇后與她的兒子查理九世，小提琴的傳播與這對母子密不可分。

夢幻名琴斯特拉第瓦里 [11]

　　以觀光角度來看，克雷莫納不是遊人如織的地方，但撇除學徒不論，每年來此訂製手工琴的演奏家、參訪提琴博物館的愛樂團體仍舊為這座靜謐城鎮帶來飽滿觀光收益，尤以日本團體為最！並且，樂迷們的朝聖步履多是為致敬一位人物，這個人不是安德雷亞‧阿馬蒂，而是傳奇製琴師斯特拉第瓦里。

1921 年左右，不知名繪者想像描摹正在檢視提琴的斯特拉第瓦里，他所製作的樂器形體優美、音質動人，是傑出演奏家們嚮往的夢幻逸品，也是樂迷們走訪克雷莫納的原因。

　　雖然熱心的 Marco 曾在公車上說：「拿破崙進攻義大利時勢力止於帕爾馬，克雷莫納沒有任何『法式革命』的痕跡！」可惜這句話並不適用於提琴領域。

由於替凱薩琳皇后製作大量樂器，安德雷亞
·阿馬蒂最精華的作品都在法國，不幸遭大革命
烽煙戰火毀去大半，是法式革命摧殘克雷莫納文
化的最慘證據！儘管安德雷亞的孫子尼可拉承繼
衣缽，在爺爺熟成經驗的基礎上一躍而成製琴巨
擘，影響克雷莫納幾世幾代數個製琴家族，然若
刻意較量木刻工藝與音色質地，晚他半世紀的斯
特拉第瓦里比起前輩有過之而無不及。

法國畫家路庫里厄筆下的製琴
師尼可拉·阿馬蒂。

猶記長年使用斯特拉第瓦里小提琴的帕爾曼受訪時曾表示：「斯特
拉第瓦里提琴的音色令人難以置信，它聲線的中間，具備輔助聲響投射
的核心，就像裝了麥克風在小提琴裡一般！」[12] 這句話，真的是一語道
破斯特拉第瓦里樂器的價值，難怪它們會成為世界知名小提琴家夢寐以
求的演奏伴侶。

我們在藍色小提琴一夜好眠後，隔天上午踏著灑灑陽光，趕赴舉世
聞名的小提琴博物館尋幽。這座前身為「斯特拉第瓦里博物館」，也以
斯特拉第瓦里收藏為核心的建築 1893 年啟用，在各方捐獻私藏樂器的
共襄盛舉下逐漸發展成今日樣貌。館內除豐富的歷史解說和名琴展示
外，還特別呈現斯特拉第瓦里超過一甲子職涯裡所使用過的琴身模板、
裁切工具、刻鑿設備……等等，盡可能還原木頭化身為提琴的奇妙過
程。其實，關於 1644 年出生的斯特拉第瓦里究竟在誰門下學習製琴技
藝、又如何自立為名師的背景撲朔迷離，史料之闕如讓這位雙手幻化千

上圖： 克雷莫納小提琴博物館。

中圖： 博物館內部的復刻提琴工作坊。

下圖： 小提琴博物館二樓的 5 號展覽廳，這間寶庫展示博物館內最具歷史意義的名琴，
　　　每一把琴都有自己專屬的名字與故事。

把樂器的巨匠神祕感十足，儼然魔術師代言人！後代的製琴師、科學家、聲響學家、工程師……總是竭盡資源探究及複製他不為人知的工藝路數，遺憾從未有誰真正破解得了其中邏輯，而這樣的挫敗往往令人起疑：上蒼賦予斯特拉第瓦里的，到底是技術？還是巫術？

1998 年以克雷莫納為背景的音樂電影《紅色小提琴》🎧 裡，製琴師尼科洛・布索蒂將難產亡故的愛妻鮮血摻入一把 1681 年提琴的塗漆，藉之永誌妻子芳魂。未料，每一位與這把小提琴接觸過的人無論年紀都遭逢詭譎際遇，有人喪命、有人逃亡、有人背叛、有人利慾薰心，繪聲繪影把製琴技藝臻至超玄奧祕，似乎命格不夠硬便壓不住名琴！不過，即使電影虛擬意味深濃，劇情穿鑿附會之間也並非全是空穴來風，畢竟琴師不外傳的絕活跟隨歲月灰飛煙滅，血液、毛髮、昆蟲、蜂蜜未必不是行內秘辛，大螢幕誇飾的戲劇手法只是人們疑竇的具象化，反映世人窺探老靈魂的恐懼和好奇。

莫札特的那封信

有意思的是，小提琴博物館裡除了成排名琴使人醉心外，我最渴望親炙的事物其實與小提琴實體並無直接關連，那項珍寶，是被掛置在二樓 6 號展覽廳牆面的「1770 年莫札特信件複製版」。

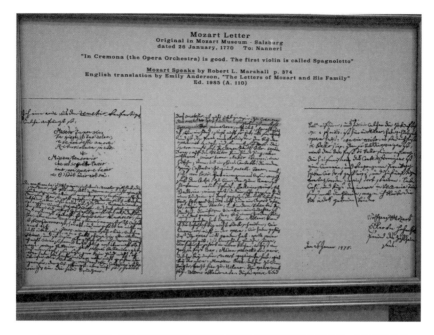

莫札特信件複製版。黃色標示處是莫札特提及克雷莫納樂團和樂手程度的文字，這封信的原稿被珍藏在薩爾茲堡莫札特博物館中。

　　原來，莫札特 1769 年冬天第一次巡迴義大利時由於氣溫嚴寒，路面尚在冰凍狀態，所以望子成龍的里奧波德決定趁著融雪泥濘前先往南行，讓馬車從維洛納駛至曼圖亞，拜訪音樂風氣興盛、歌劇水準極高的曼圖亞宮廷；再向西駛至克雷莫納，沁潤製琴名城深厚的藝術底蘊，畢竟小提琴正是里奧波德的專長。於是乎，14 歲的莫札特停駐克雷莫納期間因緣際會欣賞到了作曲家哈塞 1759 年問世的歌劇《狄托的仁慈》，埋下莫札特 22 年後生命飄搖時譜寫同名歌劇的種子。[13]

　　哈塞是歷史上少數耳朵敏銳眼光精準的音樂家，和 18 世紀諸多德奧出生的學子相同，哈塞為了學寫歌劇特地負笈拿坡里，取經拿坡里樂派之精隨。他的優秀不僅獲得宗師斯卡拉第認同，也替他爭取到在聖卡洛歌劇院發表作品的機會，《狄托的仁慈》便是其一。換言之，比起攻不下拿坡里的莫札特，哈塞在南方顯然受歡迎許多！

　　但，哈塞的可貴之處遠過於此。

　　大莫札特一甲子的哈塞頭腦清晰、性格冷靜，儘管晚年功成名就八方玲瓏，對作品及人事的判斷卻從不被主觀因素左右。提攜後進的他曾為急欲拓展義大利市場的莫札特父子執筆推薦函，過渡人脈幫助新血，更傳聞曾於賞畢莫札特早期歌劇《阿爾巴的阿斯卡尼歐》🎧當下大器預言：「這位（16 歲的）男孩會讓我們全都被遺忘！」坦率無畏令人敬佩！

　　言歸正傳，14 歲的莫札特在克雷莫納聆賞哈塞作品《狄托的仁慈》後，一如往常撰寫長信給留在薩爾茲堡的姐姐，用接近職業樂評的語言向姐姐描繪歌者、舞者、樂團、演員的表現。在這封信中，莫札特評點到：「克雷莫納歌劇院樂團不錯，首席小提琴名叫 Spagnoletto。」縱使，我們由莫札特這句描述無從得知該位小提琴手真正的名字，只能推測他大概來自西班牙，因為 Spagnoletto 是綽號「小西班牙人」的意思，並非正式姓名。可是如此輕輕一提已足以讓世人窺見克雷莫納在演奏水準上的不容小覷！

　　「真的有那麼厲害嗎？」我們覓得這封複製信件的瞬間，先生忍不住流露內心懷疑……。

　　「自視甚高的莫札特難得誇讚別人，應該假不了吧！況且別忘了，克雷莫納除了是提琴名城外，也是蒙台威爾第的故鄉。現今我們可以觀賞到的最古老歌劇《奧菲歐》[14] 就出自蒙台威爾第之手。還有啊！我們走來博物館途中經過的公園內，豎立的是歌劇作曲家蓬基耶利的雕像。蓬基耶利是普契尼在米蘭音樂院的作曲老師，他的故鄉就是位在克雷莫納省西北郊的帕德爾諾蓬基耶利，所以克雷莫納整體的歌劇水準必然不差！等一下逛完博物館，我們先回公寓休息，傍晚再去歌劇院看表演，這裡的劇院就叫蓬基耶利歌劇院，自己體驗一下就知道莫札特有沒有胡謅！」面對學理工出身的丈夫，只能舉證加實證具體說服。

公園內歌劇作曲家蓬基耶利的雕像。

城裡眾多製琴工作坊之一。

令人驚豔的才藝發表會

　　夕陽為藍天吻上一抹緋紅的向晚，我們在 Marco 推薦的餐廳享用搭配少許鹹點的餐前酒後，便乘著微風漫步至鐘樓廣場，再往蓬基耶利歌劇院方向移動。其實，這天晚上歌劇院要上演的不是歌劇，而是克雷莫納當地舞蹈才藝班的聯合發表會，這是「舞動克雷莫納」（Danza Cremona）系列活動之一，登台者多為習舞階段的小朋友，卻堂而皇之以劇院售票的型態運作，直逼職業表演的正式性！我對各種形式的藝術呈現向來充滿熱忱，二十幾歲從事長笛鋼琴家教的那些年還常應幼兒園或小學生的邀請去欣賞他們這樣那樣的演出。事實上，才藝班或學校的發表會最可以見微知著，看出一個國家未來數十年的藝術潛力，因此今晚義大利孩子們的表現格外使我期待！

　　離劇院百步之遙時，眼前的景象令我們瞪大眼睛，等待入場人數之多，完全超乎一個才藝發表會的規模，彷若半個小鎮的居民都興奮趕赴舞宴一般！走近人群邊聽邊觀察，許多觀眾根本不是家長也非朋友，他們和我們一樣，是單純為欣賞孩子舞姿前來的藝術愛好者，這麼熱衷非職業演出的熱情，在亞洲或美國皆屬罕見！我在羅馬歌劇院品聆羅西尼名作《灰姑娘》時，曾訝異義大利人抱嬰兒聽歌劇的奇觀，如今見識小城藝術力，更給我醍醐受教之感。一地域一民族能否日積月累恆遠久長的文化軟實力，是眾人集腋成裘的豐碩，不是個體鶴立雞群的單薄，義大利人劇場融入生活的自主，是歌劇之所以能夠在半島活水汨汨的源頭。

上圖： 蓬基耶利歌劇院內部。儘管不如大型劇院之堂皇大器，遵循劇院傳統氛圍與材質建蓋的質地依舊迷人。

下圖： 歌劇院外等待入場的人潮，熱絡的氣氛令人難以置信這只是一場孩子們的舞蹈才藝發表會。

玩味思考間，幾位消防隊員穿過人群先行踏入劇院。這也難怪啊！自古劇院多火燭，是祝融好訪之地，蓬基耶利歌劇院1747年興建以來，曾於1806與1824年兩度慘遭焚毀，為免憾事重演，消防監督實屬必須！

演出結束，皎潔月色引領我們散步回公寓的路上，早已忘卻莫札特信件的先生讚嘆說：「這種程度的才藝表演不簡單！不只是編舞創意或舞姿技巧，而是一個普通才藝班竟然會為小孩子量身打造當今歌劇演出最流行的『電腦螢幕全幅背景繪圖』讓他們隨情境起舞，百分百擬真職業段數！這樣一來，有天賦有條件的孩子自然會一路跳進歌劇院的舞團，跟吃飯喝水沒兩樣……舞蹈是如此，樂器演奏或歌唱訓練一定也差不多，人才無斷層，義大利劇院世世代代的產業就輕而易舉一條龍發展。還有，妳看他們髮飾服裝多麼精緻，那絕對都是專門訂製！非親朋好友的觀眾們願意掏腰包買票支持，我一點都不感到意外！是這種媲美職業的高水準演出哪……」先生少見的激動評論我邊聽邊點頭，因為我的心底，也有相同感受。

「我覺得今晚在蓬基耶利歌劇院看舞蹈表演很有意義耶！」喜歡將生活與歷史連結的我忍不住要和剛剛抒發完見解的先生分享更多……

「你知道嗎？年輕威爾第21歲的蓬基耶利在他的年代其實相當有成就，作品也蠻受樂迷認可，他1876年的歌劇《歌女喬康達》名氣不遜《阿伊達》，是劇院經常上演的大戲。不過青出於藍勝於藍，學生普契尼浮出檯面後，蓬基耶利的聲勢就往下沉，今天提到《歌女喬康達》，

許多人都只熟悉第三幕的典雅芭蕾〈時光之舞〉🎧而已！」說著說著，我不由在明媚月光下哼起〈時光之舞〉的輕快旋律⋯⋯。

「喔⋯⋯這段音樂是蓬基耶利寫的啊！」先生恍然大悟。

「我就說吧！許多耳熟〈時光之舞〉的人，還不認識蓬基耶利呢！這是不是該怪罪普契尼？」我們相視大笑，腳底下蹦跳石板路的脆響，頗有李白「歌樂徘徊、舞影凌亂」[15] 的豪邁！

華燈初上的小鎮風光。

美夢縈繞提琴小城

　　徜徉小城的時間過的特別快，轉眼間已經到啟程的日子。暫居藍色小提琴的這幾天，我跟鄰居老奶奶相處融洽，奶奶時常為我介紹她親手栽植的庭前香草，分享香草入茶入菜的保健之道，問我要不要去她家吃飯等等，讓我對質樸的提琴古鎮徘徊流連、依依難捨⋯⋯。

　　臨別這天，支線區間車準時抵達，毫不眷戀的將我們載往旅途下一站，景色飛馳間，我倏忽憶起長年贊助小提琴博物館的企業家喬凡尼・阿維迪形容提琴音樂的押韻箴言。喬凡尼・阿維迪說：

> *La mente si riposa*
> *le membra si rilassano,*
> *l'animo si rasserena,*
> *i nostri sogni ci accompagnano in un mondo migliore.*[16]

　　「心靈休息、形體放鬆、靈魂淨化，我們的夢想陪伴我們迎向更美好的世界！」克雷莫納親切的藍天、月亮、微風，必然會永存在我的回憶裡，伴隨琴音時時入夢。🐾

後記

2020 新冠肺炎期間，表演藝術遭受重創，世界各大樂團與音樂學院的
提琴訂單隨之銳減，致使克雷莫納製琴師們面臨收入困境，許多製琴
師甚至不得不忍痛放下磨練多年的技術，暫時改行養家活口，疫情對
藝術產業鏈的衝擊，實在始料未及。衷心期盼這場病毒浩劫盡早平息，
生活回歸常軌，讓人類智慧和心靈的結晶得以延續。

上圖：　巷弄間諸多裝飾別緻的提琴工作坊是小城最大特色。
右下圖：我與居住藍色小提琴公寓對門的奶奶閒話家常，這位奶奶愛種香草，我手中的香草就是
　　　　她剛剛遞上來的香氣。

影音欣賞：

1. 《達文西傳記》第一部分

2. 《紅色小提琴》電影精華

3. 莫札特早期歌劇《阿爾巴的阿斯卡尼歐》名曲〈從你溫柔的容顏〉

4. 蓬基耶利《歌女喬康達》第三幕芭蕾〈時光之舞〉

影音連結：https://pse.is/3kjy2c

景點推薦：

1. 萊蒙第宮

2. Violino Azul 藍色小提琴公寓

3. 克雷莫納的鐘樓

4. 小提琴博物館

5. 蓬基耶利歌劇院

掃描 QR Code 可看到景點在 Google map 上的位置及其相關資訊

是否曾在旅遊歐洲的途中巧遇罷工呢？假使有，如何解決當下的困境？有因此結下異國友誼嗎？請用文字記下腦海裡的回憶吧！

注釋

1. Italo 指的就是義大利私營的火車系統，他們營運的特快車多停大站，很少在小站停駐。
2. 拿破崙的第二任婚姻帶有強烈政治意圖，目的是希冀透過聯姻奧地利公主瑪麗·露易絲，鞏固與哈布斯堡王朝的關係。所以即便 1814 年拿破崙勢力頹傾，處理權力平衡的維也納會議依舊將帕爾馬歸屬瑪麗亞·露易絲名下。
3. 義大利文 Ospedale 就是「醫院」的意思。
4. 聖阿格塔莊園是威爾第和第二任妻子斯特列波尼在布塞托的居所，距離威爾第醫院僅 4.5 公里左右的路程。
5. 1880 年代貧富的懸殊導致西方社會主義抬頭，間接埋下國家動盪的隱憂。因創作富裕的威爾第長年關注此議題，也多次提醒義大利政府留心該現象。緣此，貢獻資金廣做慈善既是威爾第回饋鄉里的行動，也是他保護自己的方式。即使功成名就時，大師仍謙稱自己是「來自布塞托的農夫」，其智慧巧點，一般程度的藝術家望塵莫及。
6. 除了製琴學校外，萊蒙第宮也是克雷莫納「高級語言學暨古音樂學研究所」之所在。
7. 「《簫韶》九成，鳳凰來儀」典出《尚書·益稷》。
8. 小提琴的演化與古代的三絃琴密不可分，是到安德雷亞·阿馬蒂才確定了今天愛樂者所熟知的四絃結構。
9. 舉例來說，安德雷亞·阿馬蒂存留下來最有名的大提琴「國王」(*Il Re*) 幾經拍賣早已遠離義大利，被收在美國南達科他州的國家音樂博物館館藏中。欲欣賞「國王」華麗琴身細節請掃 QR Code：
10. T. Ingles, *Four Centuries of Violin Making: Fine Instruments from the Sotheby's Archive.* (Boston: Czio publishing, 2006), 11.

11. 「斯特拉第瓦里」可以意指製琴名師安東尼奧・斯特拉第瓦里（Antonio Stradivari, 1644-1737）的姓氏，也可以意指他所製作的提琴。

12. *"The Mysteries of the Supreme Violin"* NHK World, produced by NHK World, 2014.

13. 莫札特 1791 年離世前的最後兩部歌劇是《狄托的仁慈》與《魔笛》。而他《狄托的仁慈》劇情取材劇作家梅塔斯塔西奧（Pietro Metastasio, 1698-1782）之劇本，和前輩哈塞的《狄托的仁慈》劇出同源。

14. 雖然，音樂歷史認定的第一部歌劇是義大利作曲家裴利 1597 年根據希臘神話阿波羅與達芙內的故事所創作的歌劇《達芙內》（*Dafne*），可惜《達芙內》的樂譜沒有完整流傳下來，無法被演出，所以今天可以完整欣賞到的最古老歌劇劇目，就變成是蒙台威爾第之《奧菲歐》。

15. 此處借用唐朝詩人李白《月下獨酌四首・其一》的名句「我歌樂徘徊，我舞影凌亂。」

16. 這句箴言可見於克雷莫納小提琴博物館「喬凡尼・阿維迪」音樂廳入口處。

山城的歌樂傳奇～貝加莫引以為傲的董尼采第

煙熱夏季提著行李，汗流浹背搭乘毫無空調的老舊火車搖晃至貝加莫。停駐這座古城不為其它，只為拜訪歌劇作曲家董尼采第位於地下室的故居、珍藏大量文物的博物館，以及長眠的聖瑪利亞大教堂。這位出身貧寒的音樂人憑著天賦和努力攻頂歌劇殿堂，不僅留下質量可觀的作品，更提攜後進，交棒威爾第！他傳奇的一生是 19 世紀初期歌樂市場的縮影，而他對音樂戲劇的信念，全都實踐在他不朽的篇章裡。

夕陽斜暉的思古幽情

朱瑟皮娜・阿皮亞尼：

……關於您詢問的董尼采第病況，我將坦誠以告，儘管事實是如此不堪。他的頭總是埋到胸前，雙眼垂閉，除了吃飯睡覺外幾乎從不言語。就算張口說話，也是含糊不清的咕咕噥噥。如果有人靠近他，他會微微睜眼看一下；如果要他「跟面前的人握手！」他就伸出手……，這些舉止似乎顯示他尚未完全失去神智。可是他的醫生告訴我，這類表現都是出於生物本能，要活潑一點甚或激動一些才是病情好轉的徵兆，此時唯有繼續懷抱希望。但依照他的現況，我們只能企盼奇蹟。此外，他與半年一年前的情形相比一模一樣、不好不壞，這就是董尼采第此刻的

狀態。實在悲哀、實在太悲哀了……倘若之後有任何起色，我會立即寫信告訴您[1]。

您忠誠的朋友　威爾第

凝視董尼采第病體纏綿的綠色座椅當下，我感慨憶起威爾第 1847 年 8 月從巴黎寫給朱瑟皮娜‧阿皮亞尼的信件內容。朱瑟皮娜‧阿皮亞尼是新古典主義畫家安德烈亞‧阿皮亞尼的媳婦，熱愛文藝的她不僅在米蘭經營沙龍，還大方資助羅西尼、董尼采第，以及威爾第的創作，是 19 世紀重要的藝文贊助者。這一年，威爾第因為指揮歌劇《強盜》遠赴倫敦，回程停留巴黎期間盡可能將他觀察到的前輩病況回報憂心的朱瑟皮娜。事實上，頭痛倦乏、躁鬱錯亂等神經性梅毒症狀早在 1842 年左右就開始蠶食董尼采第的生活，那時事業如日中天的他不顧健康警報，依舊頻繁往返拿坡里、羅馬、維也納與巴黎，南北奔波馬不停蹄，像陀螺般積極監製一齣又一齣大戲。他尤其重視巴黎，這個城市藉由革命震盪出的自由風氣、優渥給薪，對於苦苦忍受義大利刁鑽政治審查的藝術家們具有絕對吸引力，從羅西尼 1824 年率先問鼎巴黎義大利劇院（Théâtre-Italien）以降，嚮往榮盛花都的歌劇作曲家如過江之鯽，才華洋溢又工作賣力的董尼采第便是其一。

董尼采第生命末期病體纏綿的綠色座椅，如今置放於董尼采第博物館內供樂迷悼念。

　　眼前這張連附木桌和頭靠的座椅顯然是替病人量身訂做的輔具，董尼采第自 1845 年萎縮失能至 1847 年由姪兒護送回故鄉貝加莫為止，整整有兩年多癱坐此處，在醫生堅持的城郊靜養與親友方便的探視需求拉扯下，被來回運送於塞納河畔伊夫里和巴黎市區間，輾轉折騰可以想見。為了病入膏肓的弟弟，董尼采第定居君士坦丁堡的長兄朱瑟佩[2]不斷透過遠距關係派人照料，甚至命兒子駐點巴黎貼身看顧。遺憾最終康復無望，家屬決定送曾經風光一世的作曲家落葉歸根，讓故交斯柯第男爵夫人的深厚友誼相伴，度過艱辛餘生，長眠兒時習樂的貝加莫聖瑪麗亞大教堂[3]。而這張斯柯第家族捐作公共文物財的座椅，後來就置放在我正細細探詢的「董尼采第博物館」內，襯映斜照的夕陽餘暉，顯得故事性十足。

董尼采第最後孱弱失能的模樣。右邊蜷縮在座椅內的是作曲家本人，陪伴他身側的是姪子安德烈亞。

　　其實，董尼采第產出超過百部作品的一生本就媲美一部華彩歌劇，他半世紀的人間歲月，是輝煌歌樂歷史裡的一頁傳奇。

環繞上城區的城牆是威尼斯共和國統御過貝加莫的證據，這座保存完整的古蹟 2017 年被聯合國科教文組織納入世界遺產，隨著天色光影散發不同情味的思古幽情。(Photographer: Ptr11)

細雨紛飛的山城徒步

貝加莫是一座丘陵形態的山城，按照地勢高低分為「上城」和「下城」。「上城」的義大利文喚作 Città Alta，Città 指的是 City，Alta 指的是 High，換言之，Città Alta 意即「地勢較高的城鎮」，是貝加莫原本的古城；「下城」與之對比，就是地勢較低、發展也較晚的地方。

許多造訪貝加莫的旅人都會選擇搭乘市區纜車來往上下城，一方面感受從纜車內居高臨下的驚喜，一方面省去爬坡勞頓的體力。我尚未造訪貝加莫前，極度渴望搭一趟山城纜車，畢竟交通工具是生活文化的一部分，遙迢至此，怎可不體驗？未料這天上午細雨薄霧的微涼氣候，竟莫名促使明明買了票正走入纜車站的我倏忽一轉身，臨時起意撐起小傘，踩踏石板路徒步上城。我心想，與其氤氳漫漫視野迷濛，不如親身體察光陰刀斧在古城角落留下的深刻鑿痕。

在 19 世紀初的歌劇三傑——羅西尼、董尼采第、貝里尼中，語言能力最優者是董尼采第。貝里尼是西西里之子，根深蒂固的方言慣性導致他難以自信運用義大利文，他在歌劇唱詞的創造及潤飾上幾乎完全依靠劇本作家羅馬尼，創作過程裡無法快手決定歌詞的修改增刪（總是要等羅馬尼！），這某種程度也是造成貝里尼寫作速度超級緩慢的阻礙。羅西尼雖然尊為挺進巴黎之先鋒，熟黯義大利文與法文，但他唱詞音韻的貼合度顯然不及董尼采第細膩，再加上董尼采第兼備音樂歌詞通包的本領[4]，堪稱莫札特之後少見的語言天才，義大利文除外，他的法文德文

皆自然流利，無論開拓巴黎或維也納市場都悠遊自在、如魚得水。

不過，多元的語言能力通常不是憑空而來，環境影響往往扮演關鍵角色。綿綿細雨伴我沿古樸城牆拾級的同時，我似乎逐步在史流倒影裡領悟董尼采語言傑出的原因……。

西元 1871 年普法戰爭結束前，義大利並非一個統一國家，它是由若干大小不等的王國、公國、小邦組成的半島，地域意義大於國家意義。半島內的每個區塊承載不同勢力沿革，隨時間各自荏苒出獨特面貌，貝加莫也不例外。這個從匈奴王阿提拉 5 鐵騎狂鞭下浩劫餘生的古城自中世紀起躍升北義重鎮，以「米蘭後花園」之姿享有富裕與寧靜兼容的優勢。董尼采第出生的 1797 年恰逢貝加莫命運轉折，新興拿破崙勢力終結威尼斯共和國 6 三百多年的統治，將此城納入法蘭西麾下，我沿途欣賞的上城城牆正是遠古威尼斯共和國積極備置軍事防禦的證據。這座城牆 2017 年升級世界遺產，是貝加莫的耀眼標的！

1815 年拿破崙失敗後，整合歐陸領土的維也納會議再將貝加莫歸予奧地利管轄的倫巴底–威尼托王國，成為奧地利勢力的延伸。因此，董尼采第一生緣會法奧文化洗禮，加上恩師西蒙・邁爾是巴伐利亞人，能多種語言游刃有餘也就不足為奇。

思緒至此，我已不知不覺行抵上城的聖瑪麗亞大教堂側邊，收起傘面甩去水滴，深呼吸推開門，探頭尋覓邁爾和董尼采第師生的長眠地。

上圖：貝加莫聖瑪麗亞大教堂。

下圖：纜車是貝加莫除了步行和公車外，往返上下城的交通工具之一，也是喜歡俯瞰景致的遊客們
　　　絕對不會錯過的山城體驗。

緣分深篤的師生情

兒時的董尼采第。

「他雖然歌喉低啞，但耳朵靈敏、天資聰慧又……用功上進！對，就是用功上進，其他唱歌唱得好的同學，對於音樂的認真程度都遠遠不如他，你們知道我每次上課給他多少作業嗎？別人的好幾倍哪！他總是二話不說、照單全收！習作正確度高不說，最珍貴的是編織聲音的創意！那歌喉是天生的他也無能為力啊……我們總不能因為一名現在不太會唱歌的學生，退學一位潛力無窮的未來作曲家吧！什麼規則啊、標準啊都可以視情況彈性修改，我們就讓他主修管風琴跟作曲嘛！他的表現我負責！」站在聖瑪麗亞大教堂西蒙・邁爾墓碑前，我彷若能感受到當年，這位眼光獨到的老師面對「慈善音樂學校」教學委員們費盡唇舌力保愛徒的激昂情緒！

董尼采第奇異的音樂天賦總是令人匪夷所思，按照邏輯，喜歡音樂或音感極佳的孩子，兒童時期就擅於哼哼唱唱，而且通常歌聲悅耳，許多人甚至從幼年到退休都在合唱團裡擔任要角，「唱歌」是再自然不過的事，是親近音樂的第一步。尤其在以歌劇自豪的義大利，當人們提到「音樂」時，閃現的念頭就是歌唱，即使是樂器演奏家，也鮮少不能引吭者。偏偏，董尼采第是個例外，他熱愛音樂、聽力敏銳，可是口一開卻發不出教會唱詩班必備的天使歌喉，儘管教學委員們在入學考時給過他磨練歌藝的試讀期，無奈與生俱來的嗓音欲振乏力，怎樣訓練都是

上圖：　貝加莫聖瑪麗亞大教堂內部。
左下圖：董尼采第長眠之地，位於聖瑪利亞大教堂內，恩師西蒙‧邁爾墓旁。
右下圖：我滿懷敬意向長眠的邁爾致敬，他的慧眼獨具，為歌劇歷史留下才華洋溢的董尼采第，也留
　　　　下諸多風華絕代的作品。

徒勞，就連小小年紀的董尼采第自己也心知肚明，還私下偷偷去報考卡拉拉藝術設計學院，打算一旦樂路不通，便毫不猶豫改拿畫筆。

　　我望向緊鄰邁爾墓旁的董尼采第安息處，側頭暗想倘若不是邁爾的睿智與堅持，《愛情靈藥》逗趣的「杜卡馬拉醫生」🎧、《拉美莫爾露琪亞》沉痛的「瘋狂場景」🎧、《聯隊之花》過癮的「9 顆高音 C」🎧、刻畫英國宮廷鬥爭的「都鐸女王三部曲」[7]⋯⋯，那些迷人的唱段和旋律，絕對不會出現在歌劇扉頁的光譜裡。

　　「慈善音樂學校」是邁爾 1802 年接任貝加莫樂長後積極創辦的教育體系，它專門招收有天賦卻家境貧困的孩童，以學費減免或全免的方式支持他們在教會受教育，修習音樂、神學、語言、文學、歷史⋯⋯等學科，並同時替教會各類儀典獻唱詩歌。當年，時值不惑的邁爾有感貝加莫人才濟濟，唯獨缺乏系統性的人文教育澆灌幼苗，讓他們有養分和時間成長、茁壯、傳承。於是他登高一呼，號召仕紳賢達慷慨解囊，又請託同行擔任教職。四處募款、辛勞規劃終於在 1806 年春天正式啟動教會學制。未料，第一屆報考的學生裡就來了個令他頭疼的董尼采第，幸好見多識廣的邁爾具備伯樂之眼，看得清誰是將來真正有本事狂飆樂壇的千里寶駒！

　　古往今來描繪董尼采第的畫作中，貝加莫畫家德雷迪信手捻來的《董尼采第與朋友們》深得我心。畫面裡除了右邊側身站立的畫家本人外，最吸睛的就是中間坐著看譜的邁爾和穿著褐色風衣的董尼采第。

那年的董尼采第 42 歲，近乎 38 年前邁爾籌辦慈善音樂學校的年齡。當時的他名聞遐邇、事業斐然，忙碌之餘匆匆繞道回鄉，探望高齡 77 歲的恩師。過往的邁爾不僅保他完成學業、自費送他去波隆那留學，甚至還讓渡歌劇合約給他揮灑[8]，待自己宛如親生，是他在故鄉最放不下的牽掛。雙目嚴重白內障的邁爾再見愛徒萬分欣慰，不顧視力茫茫，堅持要與學生重溫讀譜之樂，因為董尼采第在創作上的亮麗成績，證明了他的慧眼獨具；董尼采第的青出於藍，為師者當然驕傲無比！

畫家德雷迪的《董尼采第與朋友們》。義大利人家鄉觀念重，即使在外功成名就也要經常回鄉探望故舊，董尼采第亦然。尤其邁爾年老體衰的那段期間，董尼采第回鄉的頻率較以往頻繁，這張畫作就是當時留下的歡聚情景。

超人氣的《唐‧帕斯夸雷》

　　"*Cigno!*" 今晨徒步山城前享用早餐時，一位相貌有型的咖啡侍者自認帥氣的眨了個眼，將拉成一隻天鵝的卡布奇諾置放我桌邊。望著他得意洋洋轉身離開的背影，我忍不住輕笑出聲。對喝義式的台灣人來說，精緻拉花隨處可見，一隻天鵝並不是值得誇耀或驚訝的事情，他沾沾自喜的逗趣模樣跟我 iPad 裡正播放的《唐‧帕斯夸雷》名曲〈我那電眼射穿騎士的心〉🎧 相互呼應，彷彿義大利人天生的熱情俏皮，都體現在日常生活裡！

　　《唐‧帕斯夸雷》是董尼采第 1843 年 1 月風靡法國的喜劇，也是甫走馬上任的巴黎義大利劇院經理朱勒‧賈寧結合強大明星陣容推出的豪華大戲！除了當紅作曲家董尼采第外，男低音拉布拉什、男中音坦布里尼、男高音馬利歐，以及女高音格麗希皆是一時之選，他們的名字在歌劇史上份量十足、擲地有聲，歌唱足跡從歐洲拓至南美，是帶美聲跨越山海的藝術家。董尼采第自 1832 年推出《愛情靈藥》後，儼然成為與羅西尼平起平坐的喜劇聖手，連羅西尼本人也認同這位晚輩的無窮潛力！而賈寧力邀下的《唐‧帕斯夸雷》一問世，更旋即和《愛情靈藥》及羅西尼的《理髮師》並列人氣最旺的三部義大利喜劇，在歌劇舞台上歡唱不息！

　　《唐‧帕斯夸雷》的情節其實很簡單，它講述的是年老獨身的帕斯夸雷先生由於不滿姪子埃內斯托（Ernesto）的結婚對象是年輕寡婦

諾麗娜（Norina），於是決定取消姪子繼承權並自己娶諾麗娜的故事。在這場荒唐鬧劇中，諾麗娜為了擺脫帕斯夸雷，聯手馬拉泰斯塔醫生（Malatesta）巧使妙計，最後隨心所願、圓滿愛情！諸如此類的劇情在18、19 世紀屢見不鮮，唯有卓越的旋律、超群的表演能讓千篇一律的插科打諢脫俗閃亮、吸引目光，董尼采第俐落的行筆就是這樣！當年《唐・帕斯夸雷》席捲巴黎的盛況，從樂評家德雷克魯茲的興奮敘述可以想像：

從未有一部替巴黎義大利劇院創作的歌劇獲得如此震撼的成功，演出中有四、五首曲子頻頻被喊安可！歌唱家與作曲家數度被邀請到舞台前接受掌聲，總而言之……這部歌劇替巴黎留下了真正偉大的作品[9]。

我認為，羅西尼和董尼采第的喜劇根柢都要歸功拿坡里，拿坡里是歌劇發源地，喜劇更是看家本領，里奧波德 1770 年風塵僕僕趕赴拿坡里，為的也是要讓兒子莫札特親身汲取歌劇精華，寫作上更加對味道地。羅西尼與董尼采第因為劇場大亨巴爾巴亞[10]的厚愛，一前一後在聖卡洛歌劇院磨練基本功，董尼采第 25 歲南下發展後，一待就是 16 年，儘管期間他仍為其它劇院產出劇目，但拿坡里終究是他事業的中心、家庭所在地。董尼采第要到 1837 年愛妻瓦賽里病故，才揮別傷心地遠走巴黎。而知悉大師能耐的劇院經理賈寧，就順勢替樂迷多催生了一部輕盈討喜的《唐・帕斯夸雷》！

玻璃心碎的《露琪亞》

難得的是，董尼采第不只喜劇信手捻來，他的嚴肅歌劇也是箇中翹楚，介於《愛情靈藥》與《唐‧帕斯夸雷》間的《拉美莫爾的露琪亞》即是經典中的經典。

1830 年代，歐洲藝文圈颳起一陣蘇格蘭風，人們對斯圖亞特王朝和都鐸王朝糾結的秘辛醜聞興致勃勃，對描寫蘇格蘭風土民情的故事也興味盎然。董尼采第 1834 年夏天順應風潮，完成以蘇格蘭瑪麗一世女王為主角的歌劇《瑪麗‧斯圖亞特》後，又迫不及待投入另一部刻畫蘇格蘭貴族世仇的悲劇裡，將罹患小耳麻痺症的蘇格蘭作家史考特男爵之寫實小說《拉美莫爾的新娘》幻化成歌，搬上聖卡洛歌劇院舞台。

矛盾與衝突是發展悲劇的基本條件，鋒利的矛盾直刺心扉、驚駭的衝突摧毀理智，這兩者的跌宕越大，越容易誘發痛楚悲哀，甚至奪命流血的因子，成長於蘇格蘭拉美莫爾丘陵近郊的女孩露琪亞就是在家族尖銳的矛盾衝突中走向精神崩潰，進而香消玉殞的犧牲品。

蘇格蘭頗負名望的阿什頓家族（Ashton）與雷文斯伍德家族（Ravenswood）向來不和，掌管阿什頓家族的恩里科爵士（Enrico）殺害埃德加多‧雷文斯伍德（Edgardo）的父親後，仇恨益加激化，幾乎是到了你死我亡的邊緣。諷刺的是，恩里科的妹妹露琪亞和搭救她免於野牛攻擊的埃德加多一見鍾情、陷入熱戀，還在隱瞞恩里科的情況下與埃德

加多互許終生。只遺憾，有情人難成眷屬，不幸的露琪亞在哥哥硬替她作主的新婚之夜突然發狂刺死新郎，拖著紅血白紗瘋癲亂舞，嚇壞不明所以的婚禮賓客。最後，儀容如鬼魅的新娘露琪亞滿懷對埃德加多的沉痛思念，氣斷命絕！

誠如邁爾早年的觀察，董尼采第自身雖不具悠揚歌喉，卻對聲音極其敏感，天生知道該如何調配各種聲響去渲染戲劇張力，藉戲劇將情緒襯托得更近真實。在露琪亞著名的「瘋狂場景」中，董尼采第就聰明運用空靈的「玻璃琴」象徵露琪亞失常的幻聽，令觀眾也忍不住神魂飄移……。

「玻璃琴」顧名思義，是用玻璃做成的樂器，根源古老波斯，至 18 世紀中葉後才被廣泛演奏。它的型態主要有兩種：一種是熱愛音樂的美國建國先驅富蘭克林設計，以不同尺寸的玻璃碗疊合，鑲嵌在木盒或木架上的「玻璃碗琴」，莫札特替維也納盲女音樂家基希格斯納創作的《玻璃碗五重奏》🎧就是為它寫的；至於另一種，是以數列高腳杯盛水或玻璃管長短區分音高的「玻璃豎琴」，無論是哪一種，都必須用沾濕的雙手摩擦演奏。根據董尼采第原本的指示，理想的露琪亞幻聽應由玻璃碗琴來表現，但有鑑於並非每個劇院樂團都有常備的玻璃碗琴，所以幻聽之音亦可由玻璃豎琴或長笛來取代 11。當代演出中，玻璃豎琴最為普遍🎧。

　　猶記我第一次聽見模擬露琪亞幻聽的玻璃琴聲時非常驚訝，一方面這項樂器音色飄渺、不易照顧（畢竟是玻璃！），莫札特之後在演奏領域逐漸式微，貝多芬使用的頻率也極低，董尼采第推它重出江湖，彰顯的是自己廣博又細膩的心緒；另一方面，雖然許多玻璃琴愛好者形容玻璃美聲宛若天籟，可是對一般人而言，濕指磨擦玻璃的音色並不耐聽，就算短時間覺得新奇，持續超過十分鐘便會頭暈目眩、昏昏欲睡！正因如此，自古以來玻璃琴常跟催眠療法、精神錯亂、抑鬱癲狂等詞彙擺在一起，董尼采第妙用這層含意，隱喻的是露琪亞理智斷線、玻璃心碎的聲音。

　　享受完早餐輕啜天鵝卡布的當下，我的腦海忽然閃現一位與董尼采第同時代的作曲家，那個人，就是因為樂句纖長而被譽為「天鵝」的貝里尼。貝里尼和董尼采第同在 1835 年赴巴黎試水溫，彼此間有競爭關係，也難免瑜亮情結。可惜貝里尼在《露琪亞》問世前夕 34 歲英年驟逝，將大好江山拱手董尼采第，此時羅西尼早逍遙封筆，命運讓董尼采第稱霸劇界，在威爾第崛起前呼風喚雨！

徒步山城前，先在下城享用早餐。瀟灑的咖啡侍者拉了一杯天鵝卡布給我，這杯卡布搭配 iPad 裡的歌劇樂饗，引發我對作品與歷史的無盡聯想。

豐盈的歌劇環境

　　如果細細體會董尼采第的音樂氣質、穿著品味，很難相信他是位地下室長大的貧窮小孩。瞻仰過師生長眠的聖瑪麗亞大教堂後，我繼續往山城高處行，來到位於半山腰博爾戈卡納雷街 14 號（Via Borgo Canale 14，街道重劃前是 10 號。）的董尼采第故居。

　　歐洲人普遍重視古蹟保存，尤其那些和重要人事物相關的地點，更是盡可能以定期修繕的方式維持它原本的樣貌，董尼采第出生的地下室就是其一。我向入口接待員打過招呼步下石階的瞬間，一股地下室特有

董尼采第故居大門。

的霉味撲鼻而來，像這樣的地下樓層是飼養牲畜或儲存雜物之所在，不宜人居，只有極為清寒、租不起正常房舍的人家，才會不得已委屈此地。董尼采第的父母打零工維生、收入微薄，養孩子都費力吃緊，遑有餘裕改善住居？初來乍到的我小心翼翼踩踏凹凸地面審視細節，煮食的空間、取水的窄井、洗漱的衛浴、採光的設計等，在在顯露經濟上的羞赧拮据。尤其那個時代照明簡陋，如此幽暗的地下生活更等同漫漫長夜，連基本日曬也不可得。董尼采第和他的手足們在這裡出生、成長，若非邁爾創辦慈善音樂學校，董尼采第恐怕難有跳脫宿命的契機。

　　不過平心而論，澆灌董尼采第茁壯的養分，其實不全歸恩師邁爾，義大利整體的藝術風氣，才是成就一流作曲家的核心。

董尼采第故居地下室廚房一隅。

董尼采第出生成長的第下室，地面凹凸不平、擺設簡陋寒磣。今日透過打燈，訪客可以看清室內的一角一隅，但在照明設備簡陋的 18、19 世紀，生活在此處有多麼陰暗潮濕，使人思之不捨！

今天貝加莫主要上演歌劇的地方是位於下城區的「董尼采第歌劇院」，每年 11 月眾星雲集的「董尼采第音樂節」就是在那裡舉行。由於音樂節聚焦董尼采第作品，所以平時演出頻率較低的劇目，譬如描述教宗亞歷山大六世私生女的《盧克雷齊亞・波吉亞》、講述 14 世紀威尼斯叛國總督的《馬利諾・法利耶羅》，還有圍繞拜占庭帝國政爭的《貝利撒留將軍》……等皆為音樂節常客，我也是透過音樂節轉播有幸認識這些劇碼。然而，這座名為「董尼采第」的劇院並不是為紀念作曲家建蓋的，它早在 1780 年代即以「黎卡第劇院」之名開張啟用[12]，直至 1897 年董尼采第百歲冥誕，才將劇院重新命名。換言之，黎卡第劇院在董尼采第習樂進程中扮演舉足輕重的角色，大師兒時必然在此親炙過包括老師邁爾在內無數前輩的作品，而他往後音譜上的枝繁葉茂，正是來自源源不斷賞戲的童年。

位於下城區的董尼采第歌劇院。這座建築是貝加莫歌劇演出的中心，也是每年冬天「董尼采第音樂節」的主場地，靜夜望去，別有風情。

　　事實上，義大利幾乎每個城鎮都有屬於自己的劇院，零零總總加起來共好幾百座之多，絕對世界之冠！演戲看戲是義大利人生活之必須，義大利政府對於每間劇院也會撥預算相挺，畢竟歌劇是他們的國寶與驕傲，越多人熱愛並參與這個產業，它就越旺盛、越活絡，產出人才的比例也越高。若從這個角度想，董尼采第是受惠者兼施惠者，因為他在這場歷史接力賽中，銜延前人、快速繞跑，盡心竭力後交棒威爾第，讓南國吟詠持續金燦閃爍、艷麗奪人。

夕陽斜暉伴我歸

　　早晨微雨的天候過下午三點逐漸放晴，夏日豔陽也在我步出地下室的時刻重返天際，將山城照得熱氣蒸騰。博爾戈卡納雷街的董尼采第故居雖然有相當份量的作曲家介紹和書籍展示，但提及珍藏最多董尼采第手稿信件、生前文物的地點，則是距離故居僅 650 公尺，我正沉思佇立的「董尼采第博物館」。

　　董尼采第纏綿病體的綠色座椅被置放在博物館最內側的展示廳，令細賞完他一生瀟灑字跡、俐落音譜的我無限感慨。夕陽餘暉下憶起威爾第 1847 年那封從巴黎寫給藝術贊助者朱瑟皮娜・阿皮亞尼信件的同時，我或多或少也能想像威爾第內心的不捨。對威爾第來說，幾年前還活力四射，親自推他《納布科》、《埃爾納尼》問鼎國際市場 [13] 的前輩仿若剎那間奄奄一息，連基本的生活自主都幾乎喪失！目睹董尼采第不堪晚

左上圖：　董尼采第博物館大門。

右上圖：　博物館內部一隅。

下圖：　　董尼采第博物館主要館藏區，每一個玻璃展示櫃下都是珍貴真跡。

景的威爾第儘管情感上安慰阿皮亞尼：「倘若之後有任何起色，我會立即寫信告訴您。」但他理智層面應早有準備，下一封關於董尼采第的信無論是誰寫給誰，大概都不外使人淌淚的遺憾消息。

　　疾病症狀的發作通常必備兩個要件，一是足時潛伏、二是免疫力低下，許多時候即使染病，只要免疫禦敵得宜，人體往往能和細菌或病毒無事相安，或不藥自癒，或進階產生具有保護力的抗體，這是人體最了不起的機制，也是醫學無法完全參透的謎。董尼采第的神經性梅毒其實染於不經意的年輕，唯因當時精氣俱足，梅毒螺旋體無力攻破防線。可是 1837 年 7 月愛妻瓦賽里撒手人寰後作曲家悲痛傷心，藉由瘋狂工作麻醉自己，導致免疫崩毀日日近逼！再加上，他 25 歲定居南方以來，將大把青春投注拿坡里，但他 1838 年講述基督聖徒殉道的歌劇《波琉托》卻遭國王斐迪南多二世政治干預強勢禁演，氣得譜曲良苦的作曲家怨憤撇頭，直奔對人才敞開雙臂的巴黎。無奈這沖沖怒氣正傷身體，董尼采第自此健康下滑，就算意志頑強勉力支撐，土崩瓦解也只是可預期的遲早而已。

　　「女士，不好意思，我們要閉館休息了！」博物館工作人員輕聲的提醒將我拉回現實。原來不知不覺間，我已埋首館藏兩個多小時。在工作人員的等待寬容下我速速拿起手機，拍一輪必須收藏的照片後便依依不捨道別，當然，也期待再次造訪，體會更多更多……。

　　要返回下城公寓前，似乎有什麼力量引我又繞道聖瑪利亞大教堂附

放晴的聖瑪利亞大教堂一景及門口石獅。

近。教堂已關門，唯獨門口的張嘴石獅目送旅人。我沿著石板路隨興走，打算遇到纜車站就要使用上午尚未搭乘的車票。踢躂咯噔間，一塊大理石牌匾攫獲我目光，牌匾上刻著 *"GAETANO DONIZETTI MORIVA IN QUESTA CASA L'OTTO APRILE 1848"*（「蓋塔諾・董尼采第 1848 年 4 月 8 日在這間宅邸辭世。」）啊！是這兒啊！這就是斯柯第家族的房子！董尼采第返回故鄉後的幾個月就是在此由斯柯第男爵夫人照料，度完餘生。說也奇異，我目不轉睛觀察樓房外觀的當下，耳畔竟隱隱浮現威爾第歌劇《西西里晚禱》名曲〈謝謝，親愛的朋友們〉🎧 的旋律……。是啊是啊！我瞬間領悟了藝術裡的某種冥冥，威爾第無疑是董尼采第歌劇生命的延伸，因為《西西里晚禱》的前身，是董尼采第終生未能完成的劇目《阿爾巴公爵》，同一部劇本 1852 年湊巧流到威爾第手中，1855 年亮相巴黎歌劇院舞台[14]。這樣的因緣，誰也不能解釋、誰也不必解釋，那是作品自己替自己覓得出路的獨特方式。

位於上城區董尼采第路上的斯柯第家族宅邸，董尼采第在此處走完生命最後一程。

　　經過斯柯第宅邸不久，纜車站便出現在道路右邊，捨不得太快告別黃昏美景的我走進去又繞出來，決定依舊徒步下山。纜車，就等下次吧！下次我要帶台灣樂迷們造訪這座古城，深度認識貝加莫引以為傲的不朽作曲家。

　　我收穫滿滿的心就這麼暖洋洋的，沐浴在夕陽迷人的光暈裡。🐾

沐浴在金色夕陽下的董尼采第路。

上城區董尼采第故居附近的巷弄風光。

影音欣賞：

1. 《愛情靈藥》的「杜卡馬拉醫生」

2. 《拉美莫爾的露琪亞》的「瘋狂場景」

3. 《聯隊之花》的「9 顆高音 C」

4. 《唐‧帕斯夸雷》名曲〈我那電眼射穿騎士的心〉

5. 莫札特《玻璃碗五重奏》

6. 玻璃豎琴演奏露琪亞的幻聽之音

7. 《西西里晚禱》名曲〈謝謝，親愛的朋友們〉

影音連結：https://pse.is/3l93wp

景點推薦：

1. 貝加莫聖瑪麗亞大教堂

2. 董尼采第博物館

3. 董尼采第出生地

4. 斯柯第宅邸

5. 董尼采第歌劇院

掃描 QR Code 可看到景點在 Google map 上的位置及其相關資訊

後記

貝加莫是第一波新冠肺炎襲擊歐洲期間死傷最嚴重的城市，救護車日夜鳴笛、醫院人滿為患、教堂棺木成列的場景簡直人間煉獄，令人怵目驚心！對於深度探索過貝加莫的我而言，義大利的新聞畫面每每讓我忍不住掬一把同情淚，虔心祝願人類能早日走出疫病陰影，嚮往歌劇的樂迷也能造訪此城，與董尼采第來一場跨時空的藝術相會。

注釋

1. Franz Werfel and Paul Stefan, eds., *Verdi: The Man in His Letters*, trans. E Downes (New York: L.B. Fischer, 1942), 133.

2. 董尼采第的大哥朱瑟佩也具備音樂才華，但由於家境貧困，年紀輕輕便投身軍旅，在軍樂隊裡擔任指揮。他順應命運遠赴鄂圖曼土耳其宮廷服務後，積極在土耳其推廣義大利歌劇，土耳其學者埃姆・阿拉奇（Emre Aracı，1968-）2007 年出版的著作《朱瑟佩・董尼采第帕夏：義大利與土耳其的音樂歷史軌跡》(*Giuseppe Donizetti Pasha: Musical and Historical Trajectories between Italy and Turkey*) 對朱瑟佩在土耳其的音樂活動有詳盡敘述，實體書可在貝加莫董尼采第故居一樓購得英文及義大利文版。

3. 董尼采第過世後先是葬在貝加莫北郊的瓦爾泰斯（Valtesse），1875 年才移靈至聖瑪麗亞大教堂恩師邁爾墓旁。

4. 董尼采第是歌劇史上少數可以唱詞音樂通包的作曲家，他一生中有多部歌劇，譬如 1836 年在拿坡里上演的 *Il campanello di notte* 和 *Betly* 都是如此，語言能力卓絕可見一斑。

5. 匈奴王阿提拉入侵義大利半島時四處燒殺擄掠，貝加莫也幾乎遭他摧毀。關於更多阿提拉的故事，請閱讀本書〈不屬於威尼斯人的威尼斯～新冠肺炎與阿提拉的省思〉，頁 135。

6. 威尼斯共和國存在的時間為西元 697-1797 年，統御貝加莫的時間為 1428-1796 年。

7. 董尼采第著名的「都鐸女王三部曲」指的是 1830 年講述亨利八世第二任王后的《安娜・波雷娜》（Anna Bolena）、1835 年描寫蘇格蘭瑪麗一世女王的《瑪麗・斯圖亞特》（Maria Stuarda），以及 1837 年聚焦英格蘭伊莉莎白一世女王的《羅伯特・德威羅》（Roberto Devereux），藉歌樂將斯圖亞特王朝和都鐸王朝糾結的秘辛醜聞譜寫得淋漓盡致！

8. 關於邁爾資助董尼采第留學和讓渡合約給愛徒的故事，請閱讀連純慧著作《那些有意思的樂事》〈窮小子梨園翻身〉一文。

9. H. Weinstock, *Donizetti and the World of Opera in Italy, Paris and Vienna in the First Half of the Nineteenth Century* (New York: Random House, 1963), 64.

10. 關於劇場大亨巴爾巴亞的故事，請閱讀本書〈唯諾瑪永存～貝里尼與卡拉絲的聖潔女神〉，頁80。

11. 《拉美莫爾的露琪亞》1835年9月26日在聖卡洛歌劇院首演時，聖卡洛歌劇院沒有玻璃碗琴，所以露琪亞的幻聽之音是用長笛吹奏的。

12. 貝加莫的「董尼采第歌劇院」1780年代以「黎卡第劇院」之名啟用後，1797年曾遭逢祝融，所以今日所見的歌劇院建築，是1800年重蓋後的面貌。

13. 威爾第走紅的歌劇《納布科》1843年在董尼采第督導下問鼎維也納；《埃爾納尼》則在1844年由董尼采第親自指揮，再次橫掃維也納歌樂市場。董尼采第對提攜後進可謂不遺餘力！

14. 雖然，董尼采第生前未寫完的歌劇《阿爾巴公爵》後來由他的學生馬泰奧‧薩維（Matteo Salvi, 1816-1887）根據老師遺稿補述完成，並於1882年3月22日於羅馬阿波羅歌劇院首演。但這部歌劇的劇作家尤金‧斯科里布（Eugène Scribe）和夏爾‧杜韋里埃（Charles Duveyrier）早在1850年代就將該劇重新備置給威爾第，進而產出法語歌劇《西西里晚禱》，爾後義大利文版亦隨之誕生。

威爾第與卡羅素～米蘭歌劇巡禮

威爾第與卡羅素，這兩位在音樂史上呼風喚雨的天王，他們米蘭足跡
之動人，足以讓嚮往歌樂藝術的愛樂者蕩氣迴腸、不斷尋訪。此刻，
就請從董尼采第的《愛情靈藥》出發，感受光陰長廊裡的幽深綿長。

瑪琪雅朵風味的《愛情靈藥》

1824 年米蘭聖瑪利亞門路 [1] 起家的糕點老字號 Marchesi 歷經世代
營運模式更迭，近年異業結盟，憑著時尚名牌 Prada 的資金，入主人潮
錢潮絡繹不絕的艾曼紐二世迴廊 Prada 門市二樓設立分店，掌握附近逛
街採買、大教堂朝聖，以及赴斯卡拉歌劇院賞劇的人們啜飲咖啡、享用
甜點的無限商機。

歐洲店內喝咖啡的規矩向來有趣，可以站著喝也可以坐著喝，而且
同樣一杯咖啡，坐著品嘗的價格想當然耳高於站立速飲，顧客可以按照
自己的需求和預算或坐或站，自由運用這既能放鬆又兼醒腦的黑色糖
蜜之雙面性格。對喜愛透過大玻璃窗俯瞰迴廊繁華的我而言，Marchesi
「站位區」的視野遠優於「坐位區」，因為「站位區」往下望，恰好是

迴廊正中央，不僅感受寬闊，還能觀賞隨季節巧妙變化的裝置藝術，沁潤義大利名城的絢麗氣息。

　　根據以往經驗，點好咖啡在吧檯等待的一小段時間倘若能打開話匣子，與咖啡師及其它客人們閒話家常，就有極高機率得到意想不到的酷炫拉花當作友誼交流的報償。剛抵米蘭的這天近午，我們點的是瑪琪雅朵，瑪琪雅朵的義大利文 Macchiato 是動詞 Marcare 或名詞 Marchio 的延伸，意思等同英文的 Mark「標記」。換言之，咖啡師會在原本義式濃縮的基底上加一小匙奶泡點綴，儘管奶量不如卡布奇諾，卻能留住較多咖啡風味，不想喝太多牛奶的日子，瑪琪雅朵確乎是舌尖義式的最佳選擇。正因如此，期盼咖啡師妙手生花的我除了至吧檯禮貌問候外，更有意無意秀出手機相簿裡長年拍攝的琳瑯滿目拉花，對當天值班的咖啡師進行策略性砥礪！

　　果然，這個招數大大奏效，我與吧檯邊的客人談天說地不到五分鐘，相貌粗曠、留著性格絡腮鬍的咖啡師就俐落做出兩杯瑪琪雅朵送到我面前，調皮的說：「這是靈藥！」而滿意接過一朵小花和四葉幸運草的我也機智快回：「愛情靈藥！」令週圍的常客們忍不住哈哈大笑，沒想到每天例行的喝一杯，會巧遇這一語雙關的對白。

　　「我聽到你們的對話了，真的很幽默！」先至「站位區」尋覓站位的先生感受到了方才吧檯邊的歡愉氣氛。

位於米蘭艾曼紐二世迴廊二樓老字號 Marchesi 咖啡店，站立於窗邊可盡收迴廊之繁華。

「你記得我當留學生時，費城租屋公寓的轉角就有一間名為『靈藥』的咖啡館嗎？董尼采第的歌劇《愛情靈藥》不知為何竟成了咖啡經營者的最愛，明明歌劇裡的『靈藥』指的是使人醉醺醺的杜康！不過話說回來，《愛情靈藥》的首演地正是 1832 年的米蘭[2]，難怪剛剛大家笑的那麼有感！」我一邊拿取蜂蜜擠入咖啡中，一邊回憶有著「小義大利」之稱的費城……。

將蜂蜜混入瑪琪雅朵的喝法是第一次光顧 Marchesi 時，一位義大利女士教我的，她說這樣會提升瑪琪雅朵的風味，讓奶泡的甜與濃縮的苦融合得更漂亮！自從跟著那位女士這麼喝後，我就愛上蜜釀瑪琪雅朵的獨特。何況，Marchesi 提供的蜂蜜等級是滋養聖品，千里迢迢飛一趟，怎能不品嘗！

「原來《愛情靈藥》是 1832 年在米蘭首演的啊！威爾第當時來米蘭了嗎？」隨我聽了好幾年歌劇的先生對威大師生平之好奇，令我心生歡喜！

「1832 年就是威爾第從布塞托北上應考米蘭音樂院的那一年，《愛情靈藥》5 月問世，威爾第 6 月落榜！幸運的是，在未來岳父巴列齊支持下，他得以留在米蘭學習，請益各方教師補強理論基礎。此外，他的作曲老師拉維尼亞[3]強烈建議他：即使必須省吃儉用，也要訂購斯卡拉歌劇院的年票，藉由密集聆賞現場歌劇演出，含英咀華前輩宗師的創作精華。畢竟對義大利人來說，『作曲家』就是會寫歌劇的人，『歌劇』

是義大利音樂的核心，也是青年威爾第企圖之所及……」講到這裡，我的腦海湧現許多年前義大利廣播電視公司力邀知名導演卡斯特拉尼實地拍攝，長達十個半小時的《威爾第傳記》。這部傳記是卡斯特拉尼生前最後一部偉作，亦是引領劇迷認識威爾第的跨時空橋梁。記憶中，英國男星羅納德‧匹克普所飾演的威爾第曾在劇院觀眾席翻閱《愛情靈藥》總譜，邊聽邊筆記董尼采第運化音符的思路創意，期許自己某天，也能與貝加莫傳奇[4]的才氣並駕齊驅。

《愛情靈藥》米蘭首演時，男低音普雷左里尼扮演販售靈藥的江湖郎中杜卡馬拉醫生。

事實上，董尼采第對威爾第的影響相較於羅西尼或貝里尼深遠許多。羅西尼名滿天下的《塞維里亞理髮師》雖是威爾第寫作歌劇的啟蒙，但他 37 歲《威廉泰爾》名利雙收率性封筆，從此再無歌劇產出[5]；至於以《夢遊女》、《諾瑪》風靡米蘭的貝里尼在前程似錦的 34 歲驟逝巴黎，根本來不及參與威爾第的崛起。唯獨董尼采第，不僅將陽剛爽利明確的風格、歷史取才的觀點透過作品烙印威爾第胸臆，他一生中多次親自彩排威爾第歌劇的海外首演[6]，更令威爾第對這位前輩心懷恭敬。

「喝完了吧？」先生的一問促我速速飲盡杯底。「喝完我們去搭地鐵囉！妳不是說要去探訪『退休音樂家之家』（簡稱「威爾第之家」。）嗎？我們走吧！」

威爾第最好的作品

　　坐落市區西邊米開朗基羅廣場的「退休音樂家之家」是威爾第晚年為老邁音樂家建蓋的養護機構，大師有感於一些曾為歌樂奉獻青春的歌者和演奏家離開舞台後，礙於種種苦衷，或孤單貧窮、或無處為棲，因此縝密規畫，盼望自身的財力影響力，能夠澤被同行，賦予音樂家們老有所終的尊嚴。當時，功成名就的威爾第委託建築師卡米洛‧博伊托執行建案，他與第二任妻子斯特列波尼則四處考察歐洲養老院的營運模式，從入住條件、看護人力、食物備置，到零用津貼……，盡可能把每個層面做通盤且長遠的考量。按照威爾第的想法，「退休音樂家之家」正式啟用的時間點將始於他們夫婦離世之後，所以他會在遺囑內仔細叮嚀自己百年之日起的歌劇版稅如何分配給這間養老院的方式。對於早已歷經無數命運風暴的大師而言，死亡從來就不是忌諱話題，否則歌劇《遊唱詩人》[7]1853 年 1 月在羅馬甫獲成功時他怎麼會寫信向摯友克拉拉‧瑪菲伊吐訴：「觀眾們都說這齣歌劇太悲傷、太多死亡了，但最終，死亡是生命的一切，不然（生命）還剩什麼？」[8]悲劇天王的人生體悟，的確透徹入骨！

　　不過，大概是看透生命本質的緣故，威爾第擘劃這間養護機構的當下非但不見絲毫感懷憂傷，反倒時時流露落紅化春泥的喜悅。依據退休之家的主管回顧，威爾第與建築師博伊托討論細節的過程裡，常常情不自禁雀躍：「這是我最好的作品！」[9]尤有甚者，他在 1900 年寫給雕塑家好友蒙特維爾德的字裡行間形容：「在我所有作品中，在米蘭蓋的，

庇護那些不像我這麼幸運以及
年輕時沒有儲蓄美德的老歌手
的退休之家是最令我高興的傑
作。我生命中窮困又親愛的同
行們哪！」[10] 足見威爾第急欲
奉獻財富投注公益的熱切。

晚年的威爾第與精通音律的詩人阿里格・博伊托。

　　我們一從地鐵站出來，就望見威爾第的雕像佇立廣場前，那樣雙目
凝視、雙手背後的表情姿態，似乎從未停止思索創作一般。至於穩坐他
身側的，即是鼎鼎大名的「退休音樂家之家」，磚紅色外牆搭配類似哥
德復興式建築的風格典雅素樸，予人溫暖的安適感。實際上，退休之家
在威爾第身後不只是照顧困窘寂寞音樂家的聖堂，它亦是威爾第與斯特
列波尼的長眠之所，每年都有許多樂迷主動前來，緬懷大師帶給世界的
無價文化資產。

　　我們拉開入口里拉琴把手玻璃門的瞬間，招呼都來不及打，側邊收
發室的兩位管理員便熱心起身問候，還主動指示參觀動線，告知何處可
以隨意走動，何處不便叨擾長者⋯⋯等等。畢竟這幢建築並不是觀光景
點，縱使對外開放，仍需留心維繫養老院的靜謐。其實，威爾第當年預留
下來支持退休之家營運的版稅早在 1962 年到期，政府杯水車薪的補助又
無以為繼。若非建築師卡米洛・博伊托的弟弟，就是替威爾第最末兩部
歌劇《奧泰羅》與《法斯塔夫》撰寫劇本的阿里格・博伊托傾囊相助，外
加指揮巨擘托斯卡尼尼家族大方出資，威爾第安置退休音樂家的初心恐

上圖： 「退休音樂家之家」與它前方的威爾第雕像，這棟建築是大師一生最好的作品。
左下圖： Tirare 是義大利文「拉」的意思，退休之家這對別緻的大門手把，象徵此處是音樂之神永駐的聖殿。
右下圖： 中庭花園另一頭即是大師長眠的小堂。

怕已化作煙雲。這也是為何今天退休之家一樓迴廊的壁面上永誌贊助者姓名的原因，威大師的遺願是憑靠眾志成城才得以延續至今。

　　依循管理員的引導，我們在長廊稍事駐留後，便穿越中庭花園，直抵小教堂式的威爾第長眠地。我是標準威迷，勤學語言鑽研總譜都是為了更貼近他筆下的律韻。源自這誠摯的情感，見到大師墓碑的頃刻止不住淚眼潸然，他的歌劇是我的救贖，那些幽幽暗唱的人性詭異、因果輪迴的曲折猙獰，每一字每一音敲打我心，是它們緊緊撐住我熬過不可言述的累累傷痕，強拉我爬出勒喉致命的暗夜渦漩。儘管歌歇幕落時，無解的纏結依舊無解，但戲如人生的慰藉已足以敷撫傷口逐漸收斂，讓生命重新騰出行走的空間。我一直認為，思考藝術是療癒創傷的最高藝術，它沒有固定程序、具體處方，效果緩慢卻力道恆遠，這是威爾第自身的巨慟帶給世人的恩典，因為沒有人比他清楚，面對無能為力是什麼感覺……。

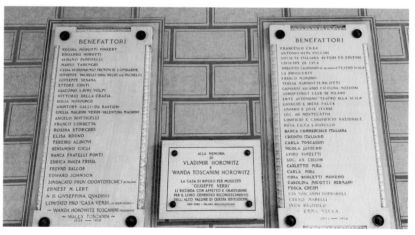

退休之家一樓迴廊的壁面永誌贊助者們的姓名。中間小牌子上刻的正是指揮家托斯卡尼尼的女婿女兒，鋼琴家霍羅威茨以及萬達‧喬治娜的名字。有他們大筆資金的支持，這間音樂家的庇護所才不至在光陰裡消逝。

上圖： 退休之家不僅是年邁音樂家們的養老院，也是威爾第夫婦的長眠地。

下圖： 這間小教堂的平面樓層，就是威爾第與第二任妻子斯特列尼波尼安息的聖域。每年都有無數樂迷
　　　來此緬懷，我們也在追思行列裡。

　　西元 1879 年，計畫提筆自傳的大師曾將部分草稿交付出版商朱利歐・黎科第，這一部分文字主要描述威爾第人生中最茫然的一段時光。原來，威爾第 1836 年結束米蘭學習後曾短暫回歸布塞托，和青梅竹馬，也是贊助他遊學米蘭的愛樂商人巴列齊千金瑪格麗塔共組家庭，直至幼女 1838 年夭折才重新闖蕩米蘭，想藉忙碌沖淡痛失愛女的憂傷。孰料禍不單行，威爾第的小兒子和結縭不到五年的妻子短時間內相繼過世，令他精神大受打擊。威爾第在給黎科第的手稿中說：「只剩我一個人啊……一個人！這兩年多來三具棺木抬出我家，我整個家都毀了！而在這痛徹心扉的時刻為了不違反議定的合約，我還得強迫自己創作一部喜劇！」[11] 撕裂折磨使人鼻酸。雖然這部傳記後來沒有完成亦無出版，但威爾第回憶式的書寫引領我們窺見了那段暗不透光的歲月，也讓我們明白，乘著金色翅膀的藝術風華，都是從這個黑洞開始發光。

　　在退休之家瞻仰沉思的我們終於因為天色近晚不得不準備離開，就在要步出大門前，我意外瞥見不對外開放的樂譜收藏室裡掛著旅法義大利畫家波爾蒂尼繪製的威爾第肖像。崇拜威爾第的波爾蒂尼 1886 年一口氣留下兩幅大師風采；第一幅被收藏在退休之家，第二幅被珍藏在羅馬國立現當代藝術美術館。我們能匆匆目睹第一幅肖像的真跡，真是天賜好運！由於我本來就相當鍾愛波爾蒂尼浪漫畫筆下的各種玫瑰姿態，所以今日的威爾第肖像巧遇令我不由自主聯想起法國作家阿爾馮斯・卡爾在他的著作《花園書簡》裡寫過的幾句鼓舞之語。阿爾馮斯・卡爾

說：「讓我們盡力從比較好的面向來看吧！您看到的是玫瑰上有刺，而我卻喜悅並感謝神，那刺上有玫瑰。」這，不正是威爾第的生命寫照嗎？旅行中結合多元藝術的體悟，總是特別深刻迷人……。

左圖：波爾蒂尼 1886 年繪製的第一幅威爾第肖像，這幅畫的真跡被收藏在退休之家。
右圖：波爾蒂尼繪製的第二幅威爾第肖像，這幅畫的真跡被珍藏在羅馬國立現當代美術館。

位於時尚精品區的米蘭大飯店是威爾第晚年在米蘭的居所。

米蘭大飯店的音樂往事

即使歐遊途中偏好公寓，但遇到富有歷史意義的酒店，我們仍會訂房下榻，威爾第晚年在斯卡拉歌劇院工作時，經常當宿舍安居的「米蘭大飯店」就是這樣的地方。

妻兒離世多年後，專注創作、感情空窗的威爾第開始和女高音斯特列波尼交往，他們 1849 年搬至布塞托，蓋聖阿格塔莊園為安身之所。原本，米蘭是大師名氣起飛的基地，他與斯卡拉歌劇院的關係理應緊密深遠。未料 1845 年信用不良的經理人梅雷里在威爾第完全不知情的狀況下擅自出售歌劇《聖女貞德》總譜，讓極重視智慧財產的作曲家大為光火，誓言不再踏入梅雷里撒野的區域！[12] 緣此，置產米蘭這件事對各地都有演出邀約的威爾第來說，實在毫無必要！

我向來認定，1871 年在埃及亮相的《阿伊達》是威爾第事業曲線的高峰回彈，也是大師決定退休的真正時間點。若非包括出版商黎科第在內的樂界友人積極勸進，日日優游聖阿格塔莊園蒔花弄草的威爾第絕不會重出江湖，在憤甩斯卡拉 42 年後的 73 歲產出深沉凝重的《奧泰羅》，79 歲又振筆笑中帶淚的《法斯塔夫》，彌補了龍頭劇院和龍頭作曲家擦身半世的缺憾。當時為監督排練，威爾第毅然「定居」距離劇院僅七分鐘路程的米蘭大飯店。1897 年斯特列波尼病故後，威爾第更少回布塞托，幾乎以米蘭大飯店為中心生活。我從大飯店 5 樓往下方道路看，心裡感慨著：「就是這裡啊！」這條就是 1901 年初大師彌留之際，

米蘭人鋪上厚厚稻草避免馬車車輪驚擾休憩的道路,義大利人對威爾第的愛戴,勝過歷史上任何一位君主!

威爾第 1901 年 1 月 27 日在米蘭大飯店盡全生命功課,移靈行列 20 萬人主動隨行,指揮家托斯卡尼尼引領眾人高唱歌劇《納布科》裡的〈飛吧!思想!乘著金色的翅膀!〉[13] 送大師回天家。直至今天,米蘭大飯店的大廳仍保有畫家波爾

威爾第國葬儀式當天米蘭人山人海。

蒂尼第二幅威爾第肖像的複製版,大師住過的大型豪華套房、主題餐廳、紀念品……等等更是飯店賣點,年年吸引樂迷消費致敬。晚上 11 點多的米蘭市區是名符其實的不夜城,斯卡拉的歌劇演出剛剛結束,散場的人們正打算開始喝酒聊天、歡聚飽餐!這裡是義大利啊!是歌的國度、愛的國度、歡暢的天堂!向來與夜生活無緣的我們乾巴巴看著各個酒吧裡那麼直率的歡愉,彷彿也理解了人們為何願意犧牲睡眠、徹夜酌飲的原因……。

"Una furtiva lagrima, negli occhi suoi spuntò..."(一滴暗藏的眼淚,從她眼裡輕彈而落)結束一天行程懶躺在沙發上的我們靜靜聽著男高音卡羅素演唱《愛情靈藥》名曲〈一滴暗藏的眼淚〉🎧 的渾厚歌聲,古老錄音特有的啵裂底噪絲毫不減損天籟美好。事實上,偶然耳聞一代歌王 1902 年米蘭大飯店的錄音前,我從來沒有喜歡過這首曲子,樂音柔順

眼皮沉沉，待明早，明早清醒時我一定要去詢問大廳接待櫃台，卡羅素當初聯袂鋼琴家卡托內錄製美聲的房間究竟在哪裡？

飯店錄音、日進斗金

「306 號房！」眨著塗抹厚重睫毛膏的褐色雙眸，打扮入時的櫃台接待員毫不猶豫答覆我。「可是現在有客人住，不能參觀！」她語氣堅定的補充道。時不時來詢問同樣問題的客人一定很多吧！儘管卡羅素殞逝逾一世紀，但他無人能及的歌藝宛如昨日傳奇，只要說到百年來優越的男高音，卡羅素必然是第一，就算當今一線的歌唱家，也不會對這個答案有所懷疑。

其實，我本來就沒有打算提出參觀卡羅素當年錄音房間的要求，一來不合情理，那間房仍是飯店營運的一部分，這種要求會造成別人諸多不便；二來缺少了特別搬運至飯店的留聲機，客房搖身變錄音室的況味大概不復存焉，很難符合我在卡羅素自畫漫畫中所看過的有趣。偶爾為了保留想像空間，某些地域百聞何需一見？說不定迴盪腦海的光影樣貌還更貼近實際氛圍。這種隨喜而訪的心境是我舒朗愉悅的旅行哲學，我堅信我該緣見的人事物自有天意安排，只需盡心不用費力，所有收穫都會密織在走過的路程裡。然而話雖如此，至 306 號房

這幅趣味性十足的速寫，是卡羅素畫自己對留聲機陶然錄音的模樣。

上圖：　米蘭大飯店一樓大廳擺置波爾蒂尼第二幅威爾第肖像的複製版。
下兩圖：米蘭大飯店三樓一景與充滿傳奇的 306 號房。

門口瞄一眼應該不為過吧！1902 年春天，穿著筆挺西裝、晶亮皮鞋的卡羅素怎樣步入飯店、上至三樓，再神氣昂揚於眾人簇擁下踏進那扇歷史之門，是我無論如何都想替自己的史流回顧重塑的虛擬實境。

　　卡羅素締造歌樂錄音新紀元的時間點，是威爾第離世剛滿一年的米蘭。在大師無遠弗屆的影響力下，歌劇市場繁花盛開，普契尼、弗朗凱第、馬斯康尼……等後起之秀紛紛崛起，企圖在威爾第的宏闊基礎上開闢新風格，將義大利歌劇的老招牌擦拭得更耀眼。同理，歌唱家的更迭也是與歲月並進，和威爾第合作過的巨星們凋零退隱後，年輕新人輩出，他們和威爾第一樣，不見得擁有愛樂家庭、正統學歷，卻憑天資及努力賦予音樂最真摯的心語，來自拿坡里的南方之子卡羅素便是其中最璀璨的明星。

　　卡羅素出生手足眾多的清寒家庭，從教會唱詩班開始，靠歌聲力爭上游。1902 年 3 月，已經征服米蘭觀眾的他為首演猶太作曲家弗朗凱第的歌劇《日耳曼》[14] 再度獻藝斯卡拉舞台，不出預料票房完售，就連價錢翻倍的黃牛竹槓都一票難求！許多搶不到位子的樂迷擠在劇院外頭，引頸企盼他人突然退票的渺茫機率。當時，英國留聲機公司的星探錄音師蓋斯伯格透過管道好不容易弄到座席，得以親聞卡羅素渾然天成的嗓音。蓋斯伯格與卡羅素同齡，那年兩人都是 29 歲，他本身是鋼琴家也是錄音師，大學時期即展現對錄音工程的高度興致，投身唱片業後專營古典樂錄音，奇蹟說服不少歌唱家和演奏家留下永恆的聲音。「我不知該如何轉述我的激動或觀眾的痴狂……難道是我瘋了嗎？我立刻

轉頭對義大利分公司的同事說：『你去問他錄 10 首歌要多少錢？』」[15]
這是眼光神準的蓋斯伯格在斯卡拉聽罷卡羅素超凡演出瞬間的誇張反
應，而正是這段「音緣」，開啟了卓越歌唱家藉錄音拓展全球名聲、賺
取可觀收入的里程碑。

　　關於卡羅素次日就毫不猶豫向蓋斯伯格開 10 首歌 100 英鎊，相當
於今天 8000 英鎊左右的價格一直是公開的秘密，以 20 世紀初期的經濟
環境和物價條件來說，卡神的價碼高得駭人！可是，最終這筆錢究竟是
留聲機公司不肯出，以致以伯樂自居的蓋斯伯格咬牙掏腰包，還是蓋斯
伯格為了哄抬自己日後的歷史定位，不等公司匯款就猴急出手卻是近年
爭論不休的話題，畢竟利潤與時間雙向證明卡羅素之不朽，那 100 英鎊
一個月內回收的利潤就超過預期的千萬倍！所以任誰都不想被說成是目
光短淺、缺乏遠見的一方。我靜悄拍下標示著 Enrico Caruso 306 房門

左圖：米蘭大飯店沉甸甸的房門鑰匙。
右圖：306 號房特別標誌出 "Enrico Caruso" 的姓名，向這位卓越的男高音致敬。

的剎那由於過度入迷，不小心掉進宇宙蟲洞裡[16]，竟隱約聽到《愛情靈藥》一滴眼淚的旋律暗藏在門間縫隙……。

愛恨交織的故鄉情

〈一滴暗藏的眼淚〉是卡羅素生命裡的奇異命籤，他因為唱了這段旋律離開拿坡里，又因為無法再唱這段旋律回歸故里。

眾所皆知，拿坡里在音樂史上以刁鑽聞名，聰明絕頂的莫札特在那裡碰壁[17]，勤懇踏實的董尼采第在那裡折翼[18]，但令人萬萬難以理解的是拿坡里樂迷及樂評愛深責切的心理，他們對自家人的公開品評，竟然也可以不帶感情、冷酷持平。

著名的「卡羅素怒甩拿坡里事件」發生在1901年12月30日。原本，拿坡里出生的卡羅素萬分期待登上聖卡洛歌劇院舞台，為鄉親帶來歡喜逗趣的《愛情靈藥》。這種類型的滑稽說唱劇（Melodramma giocoso）源自17、18世紀的南義，加上《愛情靈藥》是奉獻心力給聖卡洛的董尼采第之名作，按理應該大受歡迎、掌聲不停！未料，天時地利人不和，卡羅素飾演的憨傻農莊男孩內莫里諾非但沒有得到一面倒的英雄喝采，反而罕見觀眾席內夾雜些許噓聲，就連頻繁被喊安可的〈一滴暗藏的眼淚〉也反應普通，讓他狐疑不解。縱使20世紀初葉，劇院裡仍常出現受雇鼓譟的「職業觀眾」，卡羅素不可能為此小題大作，唯這回的叫囂

倒彩是發生在他明明衣錦還鄉的拿坡里，說什麼也想不出個道理？更惱人的是演出兩天後，1902 年元旦，拿坡里頗富威信的樂評家普羅奇達男爵在《山羊報》發表見地中肯的樂評，文長句繁，雖然從頭到尾沒有直指卡羅素任何缺失，甚至在文章開頭盛讚他音質均勻、延展力強，可是字裡行間卻流露他對這名男高音心理素質與情感詮釋層面的意見。普羅奇達男爵赤裸裸寫道：「一位藝術家必須探究（並深知）自己的才華，不該被觀眾的溢美沖昏頭，這是錯誤的……。」[19] 本來這般的評論倘若出現在其它時空或許不會引起軒然大波，然而對急欲獲得故鄉肯定的年輕卡羅素來講，如此毫無顧忌的直諫無異當面刮他鬍子！於是他頭一甩，揚言再不回拿坡里獻藝，往後同鄉們要聽他嗓音，必須付出數倍代價！果真隔年，卡羅素就在米蘭大飯店灌錄唱片，飛上拿坡里鄉民難以企及的藍天翱翔。

蓋斯伯格快手催生的錄音不僅替歌王添翼，讓卡神名氣席捲全球，更直接促成卡羅素與紐約大都會歌劇院深篤的合作關係，因為這 10 首 100 英鎊的唱片發行不久，大都會歌劇院 1903 年新上任的總監海因里希・康里德就在巴黎聽見碟盤內卡羅素的悠揚卓絕，驚為天人之餘立刻抱起錄音飛回美東，速速召開主管會議，要簽下這張未曾謀面的王牌，讓積極發展文化的美國在歌劇領域擁

卡羅素優雅站立留聲機旁。

有先發權利！結果，卡羅素與大都會歌劇院自 1903 年開始的良性循環

延續了 17 年，攜手 863 場左右的演出，就算是一戰尾聲歐洲紛擾動亂的時期，卡羅素也不至於完全中止歌唱事業。假使不是他濃厚的菸癮反覆誘發一次比一次危命的急性胸膜炎，他和大都會相挺的緣分必然可以創造更多經典。

　　1920 年 12 月中，健康狀況亮紅燈的卡羅素勉強在布魯克林音樂學院登台《愛情靈藥》（是的，又是這齣！），其實當天開演前他在後台就咳血了，但身為職業歌唱家的使命逼他帶病上場，還要妻子多蘿西鎮定回到觀眾席，萬勿引起騷動！可惜，長年疏於照顧的身體無法再代受超載負荷，卡羅素邊唱邊把舞台側邊遞上來的一塊塊毛巾染紅，滿口血腥直到第一幕落下！那時，瞠目結舌的聽眾們眼見滑稽劇變恐怖片，嚇得大聲驚喊「讓他停下！不要讓他再繼續了！」[20] 卡羅素才沉重放棄第二幕，而那憨傻男孩內莫里諾的名篇〈一滴暗藏的眼淚〉就成了樂迷永遠無法再親炙的遺憾。

　　儘管布魯克林咳血後卡羅素積極接受診治，也勉力在感覺好轉時隨大都會歌劇院唱了幾場法國作曲家哈勒維的歌劇《猶太女》，無奈早已殘破不堪的內臟欲振乏力，經過手術輸血、移除腫瘤依舊盼不到奇蹟。於是，自知生命將盡的歌王決定返回拿坡里，在自己朝思暮想的家鄉，安息。

再飲一杯苦澀靈藥

「你知道卡羅素雖然病入膏肓之際還唱了幾場《猶太女》，但他演得最完整、狀況最好的一場，是在他身體尚未整個崩毀，也還沒發生咳血慘劇前，隨大都會巡演至費城唱的嗎？」上午拍完 306 號房門後，我們便步行至斯卡拉歌劇院博物館參觀，義大利雕塑家西法里耶洛寫實的卡羅素雕像，喚醒我對歷史的記憶。

「哦！原來他跟費城有這樣的緣分哪！」先生若有所思的回答我。

義大利雕塑家西法里耶洛寫實風格的卡羅素雕像，而雕像後方畫作的主角，是與卡羅素同時代的作曲家普契尼。

「嗯，而且卡羅素過世的 1921 年，馬利奧‧蘭沙恰巧在費城出生，三十年後米高梅電影公司聘用馬利奧‧蘭沙拍攝傳記電影 *The Great Caruso*，讓兩位歌神隔世相遇，創造好聽又好看的經典傳奇，只不過⋯⋯」我遲疑了一下，內心一揪。

「只不過什麼？」先生追問。

「只不過馬利奧‧蘭沙命也不長，本來心臟差又酗酒的他為了外型，38 歲氣斷爭議性極高的『暮光睡眠減重法』注射檯上。卡羅素加馬利奧‧蘭沙，48+38⋯⋯兩個人還活不滿一位威爾第的年紀。」至此，先生沒有再搭話，我們就這樣沉默走完劇院博物館。

「午安！一樣來兩杯靈藥嗎？」昨天認識的 Marchesi 咖啡師一見到我們就滿臉笑容熱情招呼。由於劇院博物館距離 Marchesi 步行僅三分鐘，所以我們又再度光臨。

「是的，兩杯靈藥。」我含著微笑禮貌回應。

「好，很快就來！」他出杯速度俐落如昨，拉花線條也美麗如昨，但今天，我不加蜂蜜了，就讓咖啡微酸的苦意，緩緩滲入我心底⋯⋯。🐾

🎧 影音欣賞：

1. 《威爾第傳記》精華

2. 《威爾第傳記》當中，青年威爾第在斯卡拉歌劇院聆聽《愛情靈藥》
   的情景

3. 卡羅素 1902 年首度在米蘭大飯店錄製的〈一滴暗藏的眼淚，從她眼
   裡輕彈而落〉

影音連結：https://pse.is/3lhw29

景點推薦：

1. 老字號糕點店 Marchesi 艾曼紐二世迴廊分店

2. 費城 靈藥咖啡

3. 米蘭退休音樂家之家

4. 米蘭大飯店

5. 斯卡拉歌劇院

6. 斯卡拉歌劇院博物館

7. 紐約大都會歌劇院

掃描 QR Code 可看到景點在 Google map 上的位置及其相關資訊

喜歡威爾第的作品或卡羅素的歌聲嗎？對威爾第印象最深的歌劇
是哪一部？對卡羅素印象最深的錄音又是那一首呢？請寫下印象
中的美聲當作藝術生活的整理。

注釋

1. 「聖瑪利亞門路」是位於米蘭「聖瑪利亞門教堂」（Chiesa di Santa Maria alla Porta）前面的東西向道路。

2. 《愛情靈藥》是 1832 年在米蘭「卡諾比亞納劇院」（Teatro alla Canobbiana）進行首演。

3. 威爾第 1832 年報考米蘭音樂院失敗後，看好威爾第潛力的作曲家拉維尼亞給予威爾第諸多幫忙與鼓勵，是威爾第在米蘭最重要的恩師之一。所以拉維尼亞 1836 年過世時，威爾第難掩落寞，他終生都感念拉維尼亞的提攜之情。

4. 「貝加莫傳奇」指的就是董尼采第。請參閱本書〈山城的歌樂傳奇～貝加莫引以為傲的董尼采第〉一文，頁 183。

5. 雖然羅西尼《威廉泰爾》之後停筆歌劇，但仍斷斷續續產出其它類型的音樂。

6. 董尼采第 1840 年代曾受聘於維也納的「柯納托爾劇院」（Theater am Kärntnertor），因此威爾第歌劇《埃爾納尼》、《納布科》的維也納首演皆由董尼采第監製。

7. 關於歌劇《遊唱詩人》精彩細節，請閱讀連純慧著作《威爾第歌劇遊唱詩人導賞與翻譯》（德馨繪創，2021）。

8. Franz Werfel and Paul Stefan, eds., *Verdi: The Man in His Letters,* trans. E Downes (New York: L.B. Fischer, 1942), 173.

9. *"Il Bacio di Tosca."* Daniel Schmid, produced by Marcel Hoehn and Hans Ulrich Jordi, EMI Classics, 2004. DVD.

10. M. Lubrani, *Verdi a Montecatini* (Firenze: Polistampa, 2001), 82.

11. Franz Werfel and Paul Stefan, eds., *Verdi: The Man in His Letters,* trans. E Downes (New York: L.B. Fischer, 1942), 86.

12. 梅雷里是一位信用紀錄超級不良的經理人，但因長年掌控斯卡拉劇院，包括同班同學董尼采第在內的作曲家們多是對他忍氣吞聲，敢怒不敢言！唯威爾第敢在忍無可忍之際怒甩梅雷里，足見其膽識與勇氣！

13. 關於歌劇《納布科》的故事，請閱讀連純慧著作《那些有意思的樂事》〈黑暗中的金色翅膀〉一文。

14. 弗朗凱第出生義大利西北邊的杜林，是與普契尼、馬斯康尼同時代的作曲家。不過，他的猶太身分導致他的作品在二戰前後法西斯主義橫行期間遭禁演，直至近年才重新被重視。

15. F. W. Gaisberg, *Music on Record.* (London: Robert Hale, 1946), 50-51.

16. 「蟲洞」是借用科學界「宇宙中可能存在連接兩個不同時空的狹窄隧道」的概念來譬喻我與卡羅素歌聲跨時空在 306 號房門口的相遇。

17. 請參閱本書〈攻不下的拿坡里～莫札特的義式情仇〉一文，頁 19。

18. 請參閱本書〈山城的歌樂傳奇～貝加莫引以為傲的董尼采第〉一文，頁 183。

19. A. Forgione, *Caruso e quei fischi al "San Carlo" mai ricevuti,* il Blog di ANGELO FORGIONE, https://angeloforgione.com/2012/09/25/caruso_sancarlo/ （2019 年 11 月 22 日檢索）

20. D. Caruso, *Enrico Caruso: His Life and Death.* (Grant Press, 2013), 287. (Kindle version)

斯卡拉歌劇院的胡桃隨想

芭蕾是歌劇院除了歌劇外最重要的表演類型，而《胡桃鉗》又是芭蕾舞劇裡人氣最旺者！這齣取材自德國才子霍夫曼《胡桃鉗和老鼠王》的奇幻童話是劇院票房保證，芭蕾部門甚至每年近五成的收入都來自《胡桃鉗》演出！有趣的是，這齣舞劇並不是一開始就躍登票房寵兒，它從創作到走紅的過程究竟歷經哪些曲折？請跟隨我在米蘭斯卡拉歌劇院的隨想細細探尋。

碰運氣，買迴廊站票去！

耶誕前夕，歐洲處處盈滿節慶氛圍，米蘭也不例外！大教堂周圍的市集熱鬧非凡，香料紅酒混合繽紛點心的暖甜飄散空中，但凡路過的人都難以抵擋撲鼻而來的幸福滋味！一向喜愛晃悠市集的我們這回略顯匆忙，速速買了杯熱巧克力及乳酪肉餅當午餐，便快步穿越艾曼紐二世迴廊，直抵斯卡拉歌劇院側門，打算排隊領號碼牌，看看是否有機會購得今晚芭蕾《胡桃鉗》的迴廊站票！

所謂的「迴廊站票」，指的是位於歌劇院觀眾席最頂層，空間侷促且視野偏斜的位置，那樣的座位通常前有梁柱，觀賞者眼目所及的舞台既歪又狹，因此縱使設有座椅，若想多窺探表演細節，還得整場伸脖站立，費心喬個角度才能辦到！對劇院而言，這種門票很難以正常價格出

耶誕前夕米蘭大教堂旁的熱鬧市集。

售，畢竟開演後觀眾各自起立，誰該站哪裡？誰的身高擋住了誰？誰站一站腿痠又想擠回座位？……都是棘手問題，不如開演當日用十幾歐超低價將這些席位清倉，一方面極大化演出收益，一方面省去客訴麻煩，靈巧拿捏藝術和商業的平衡點。更何況，米蘭是觀光榮城，遊人如織，好奇欲瞻仰知名劇院者不知凡幾，十幾歐的低廉等同歡迎新客體驗，與表演藝術有緣者自會回流，成為幾十歐，甚至幾百歐票價的座上賓。

《胡桃鉗》是留學美東的我最熟悉的劇目之一，每逢耶誕夜費城市中心總會此起彼落胡桃樂響，從坐落藝術大道的費城交響樂團、費城芭蕾，到核桃街上的核桃音樂劇院、爵士酒吧……，無不繚繞柴可夫斯基筆下的愉悅輕盈，人們歲末瘋迷《胡桃鉗》不只為看表演，它是一種儀式，藉之擁抱即將到來的新年，也與逝去的時光道別。正因如此，在米蘭度耶誕的我們怎能錯過繽紛舞宴！無奈平面和包廂全數售罄，黃牛喊價又翻倍不合理，於是僅 140 席的迴廊站票成了今夜賞劇的唯一契機！

左圖：芭蕾舞劇《胡桃鉗》節目海報。
右圖：傍晚在歌劇院外等待購買迴廊站票的樂迷們。

　　儘管優游歌劇世界若干年，搶買迴廊站票卻是頭一遭，我們依指示先至地下一樓售票處完成線上登錄，再回劇院側門外跟隨蜿蜒隊伍等待票務員發放手寫號碼牌。倘若拿到手寫號碼牌，傍晚時分就可換取正式號碼牌購票入場；倘若沒拿到手寫號碼牌，除非有人願意相讓，否則進劇院的機率便極為渺茫。我排隊當下按人頭數算順序，照理應該十拿九穩，不過搶票之事向來變數難料，以《胡桃鉗》搶手的熱度還是必須耳聰目明伺機而動才行！果然，一名手持劇院公務袋的老奶奶一現身，原本秩序井然的隊伍瞬間亂了套，幾位明顯與她熟識的人快步向前取牌離開，騷亂時刻趁機插隊者亦所在多有，我見狀毫不猶豫拉著先生緊貼人潮往奶奶方向推移，直至順利領到 39、40 手寫牌才鬆口氣！瀟灑脫離人龍，漫步回市集從容感受香甜佳節氣息 [1]。

歐洲的耶誕氣氛濃厚，米蘭也不例外，大教堂旁的耶誕市集是我們停留米蘭期間一定會去晃悠的地方。

穿越時空的 Scala 之旅

　　由斯卡拉歌劇院一樓平面的觀眾席起算，迴廊站票位於第七層樓，入場時不走大廳，而是必須從主建築側邊的博物館樓梯進入，一層層拾級上爬。如果是平時，肩負沉甸甸背包爬七層樓可謂苦差事，但用心保留文物的劇院將 19、20 世紀每齣名劇亮相米蘭的海報沿階梯牆面掛置，讓鍾情歌劇的我們彷彿鑽進蟲洞[2]，在幅幅經典回顧裡思憶光陰故事，亟欲留存歌聲扉頁似的手機一路拍！其中，1926 年 4 月 25 日《杜蘭朵公主》的首演海報震顫我心，彷若自己也曾置身那場摻雜期盼與苦澀的奇異情境。這部普契尼的未完成借阿法諾才華補述竟全，無奈和普契尼私交甚篤的指揮家托斯卡尼尼為哀悼摯友，首演當晚省去阿法諾之補述，幕落普契尼擱筆處——女僕柳兒（Liú）遺體被抬離舞台的送葬曲

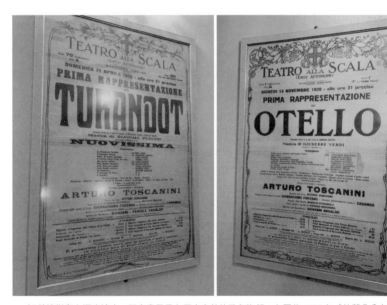

沿著樓梯爬上迴廊途中，兩旁盡是具有歷史意義的歌劇海報，左圖為 1926 年《杜蘭朵公主》在斯卡拉歌劇院首演的海報，右圖為威爾第《奧泰羅》的海報。

〈柳兒……好心腸！柳兒……多善良！〉🎧——替作曲家跌宕的人生再添話題，也升溫新劇的可看性[3]。稍早被寒冬冰鎮的雙頰隨爬梯暖和起來，眼前泛黃的老海報更促血液沸騰竄流，Scala 意即「階梯」，暗喻我們在 Scala 爬梯，這一語雙關的巧遇讓我一瞬錯覺今夜要賞的是《杜蘭朵》……。

文化外交成就的芭蕾經典

　　如同歌唱家登台前要開嗓，樂器演奏家演出前也必須熱樂器，特別在音準大幅受溫度影響的凜冽十二月，假使不事先將樂器預奏到穩定頻率，即使開演前樂團首席邀請雙簧管給標準音帶領團員調音，未預熱的

迴廊站票的奇異視角。

樂器仍可能由於溫度不及室溫而導致樂曲進行不久，音準就脫序偏高的尷尬！我們鑽出蟲洞的時刻正耳迎來盡是演奏家們預先在樂池內吹拉彈的熱鬧非凡，短小精悍的短笛尤為出色，高調尖亮的性格叫人無論如何都難忽略它！

在極窄仄的走道上連聲「不好意思，借過借過！」覓得座位後居高臨下，大家扶老攜幼寒暄問候的盛況根本不像來觀賞演出，反倒像參加千人派對，整座劇院沸揚的情緒將外頭的酷寒趕得無影無蹤。就在此刻，活躍樂壇的客席指揮尤洛夫斯基神采奕奕步入樂池，喧囂擾攘頓時化為劈啪拍掌，他似魔法杖的指揮棒一揚，銀鈴樂饗環繞飄送，俐落節奏令觀眾們不由自主輕輕擺頭，反璞歸真敞開深藏已久的未泯童心。

因為筆直的迴廊座椅實在不舒適，對《胡桃鉗》滾瓜爛熟的我索性入境隨俗站起身，彎腰低頭繞至完全看不見舞台的粗大圓柱旁側頭閉目，傾聽樂聲若有所思……。

實際上，芭蕾音樂從來就不是柴可夫斯基主力，他生前亦無從得知《天鵝湖》、《睡美人》、《胡桃鉗》三部配樂性質的作品往後會大紅大紫，知名度甚至超越他嘔心經營的交響曲、歌劇、室內樂……。柴可夫斯基自 1877 年芭蕾處女作《天鵝湖》在莫斯科波修瓦劇院票房黯淡以降，幾乎放棄再譜芭蕾，更不敢奢想未來還有芭蕾音樂的邀約。誰知創作因緣冥冥天定，1890 年代企圖心旺盛的沙皇亞歷山大三世欲趁國家承平之際發展工業、興建鐵路，龐大的資金需求迫使他向邦誼甚篤

的德國開口借貸。未料，1888 年登基的威廉二世國王不願延續鐵血老臣俾斯麥友好俄國的外交政策，對亞歷山大的資金需求不理不睬，讓多年前輸掉普法戰爭，積極尋求盟友的法國有機可乘。法國二話不說豪氣借資沙皇外，還進一步與俄國簽訂「法俄同盟」，意使兩國在經濟及軍事上相互支援、彼此輔佐。

於是乎，接受法國財政幫助的俄國不僅在政治上傾法，文化上，俄國也巧妙透過法國人鍾愛的芭蕾藝術親和友邦。

威廉二世國王　　　　沙皇亞歷山大三世

倚柱神遊間，耳畔傳來噠噠噠噠噠……的聲響，「是玩具樂器棘輪！🎧 教父德索梅耶（Drosselmeier）正在向小朋友們展示胡桃鉗娃娃剝咬堅果殼的功能！」閉著眼睛的我依循聲音想像畫面，嘴角莞爾柴可夫斯基的配器真是有趣頑皮！

當時，擔任皇都聖彼得堡皇家馬林斯基劇院總監的弗謝沃洛日基身負重責，芭蕾作品的產出全靠他規劃。政治世家出身，擁有豐富國際事務經驗的弗謝沃洛日基深黯「聲響」在外交領域的重要性，所以他不假思索立刻撮合樂舞雙傑——名氣如日中天的柴可夫斯基和時任皇家劇院首席編舞家的法籍舞者珀蒂帕——邀請他們根據法國作家夏爾·佩羅的名作《睡美人》編排芭蕾《睡美人》，然後又要他們再接再厲，依據德國才子霍夫曼的著作《胡桃鉗和老鼠王》創作童趣橫生的《胡桃鉗》。

並且被大多數樂迷遺忘的是，1892 年 12 月 18 日《胡桃鉗》首演那晚聽眾們好幸運，不像今天買《胡桃鉗》就只看《胡桃鉗》，首演聽眾享受的是超值雙拼，因為與《胡桃鉗》同場問世的作品還包括柴可夫斯基鋪陳南法盲眼公主克服萬難的溫馨歌劇《約蘭塔》[4]。

一道光束無預警射入眼皮，我睜眼抬頭，望見左前方座席上一位帶小女兒賞劇的母親正低頭滑手機，黑暗中螢幕強光格外刺亮，幾乎叨擾了這塊區域的所有觀眾。後方中年男子拍了拍她肩膀，用手比劃要求她關暗螢幕，然而不知是否是座位視野真的看不清表演？亦或是俗務紛擾有心無力？這名母親被提醒後顯然不願放下手機，她一手微遮螢幕一手繼續滑，彷彿芭蕾與她無關，她只是帶孩子來嘗鮮拍照打發假期。其實，她身旁的小女孩在節目開始時無比專心，對舞台上和樂池裡的一切充滿好奇，正值養成藝術品味的大好稚齡。無奈許多媽媽帶小孩上劇院音樂廳都只是為了在社群媒體上炫耀自己給子女優於他人的高貴薰陶，那是為體面刻意營造出來的情境，絕非真實培育兒女的心意。

中年男子忍無可忍再拍她肩膀的同時，樂團首席的小提琴獨奏悠然響起，這段伴隨小女孩克拉拉（Clara）就寢的 6 分多鐘浪漫間奏原本是柴可夫斯基替《睡美人》寫的旋律，是紫丁香仙女（La Fée des lilas）邀請王子深入森林，尋覓沉睡公主的纏綿旖旎。不過 1890 年初《睡美人》排練當下，旅居聖彼得堡、掌管皇家劇院芭蕾部門的義大利指揮家德里戈為了劇情密度把整段間奏移除[5]，直至 20 世紀中葉品味獨到的編舞家巴蘭欽才重新將這份美麗還魂在《胡桃鉗》裡。

慧眼識胡桃的巴蘭欽

與《睡美人》命運雷同，儘管總監弗謝沃洛日基大力推捧，《胡桃鉗》在柴可夫斯基有生之年卻沒有真正名揚四海。首演當晚觀眾對歌劇《約蘭塔》的青睞甚至遠遠超過這齣童話芭蕾；小朋友戲份太多、鼠輩鬥毆凌亂、芭蕾氣質盡失……是人們普遍品評《胡桃鉗》的視角。就連以行銷見長的弗謝沃洛日基都未能想出更好的辦法催生票房！這也是為何，1892 年底《胡桃鉗》首演後，俄國舞壇往往只取某些精華舞段演出的原因。幸好，藝術作品擁有自己獨立的生命，優越的作品總有辦法在時光荏苒中覓得佐助自己發光發熱的貴人，《胡桃鉗》就是如此。

1904 年出生於聖彼得堡的巴蘭欽是喬治亞歌唱家暨作曲家巴蘭欽瓦澤的兒子，源自父母栽培，巴蘭欽從極年幼起便接受豐沛的舞蹈及音樂訓練，即使身處烽煙戰火的年代，依舊努力為芭蕾尋求出路。皇天不負苦心人，巴蘭欽 1930 年代因緣際會結識家境優渥的美國才子林肯・柯爾斯坦，藉由柯爾斯坦資助移民紐約發展，不僅陸續編排大量經典舞碼，還建立了舉世聞名的紐約市芭蕾舞團，作育英才無數，對美國舞界貢獻卓越。

年輕的巴蘭欽

西元 1944 年，小有成就的巴蘭欽在一個偶然機緣下對編舞家好友威廉・克利斯汀森提及《胡桃鉗》未能大紅大紫的遺憾，甚至建議掌管

舊金山芭蕾舞團的克利斯汀森應該重新探索這部芭蕾舞劇，或能賦予它嶄新命運也不一定！結果，從善如流的克利斯汀森不只在原編舞者珀蒂帕的思路上增添創意，長年經營舞團、行銷手腕靈活的他更巧妙的策略性養成觀眾購票慣性，自 1944 年耶誕夜開始「每逢平安夜必演《胡桃鉗》」，第一年票房普通，第二年也還好，但是從第三年起舊金山當地對表演藝術有興趣的社群似乎被克利斯汀森培養出某種耶誕儀式，覺得耶誕夜到了，就是該看《胡桃鉗》！從此，這齣芭蕾的票房便如《胡桃鉗》故事中皇后熱騰騰的肉鍋咕嚕咕嚕滾起來，搖身變為劇院耶誕新常態。十年後，定居紐約的巴蘭欽也將自己編排的《胡桃鉗》如法炮製，兩位好朋友一東一西呼來應去，年復一年讓《胡桃鉗》從美國紅到歐洲，再紅回俄羅斯，賺到柴可夫斯基和珀蒂帕絕對想像不到的境地！

其實 1892 年《胡桃鉗》問世以來，以珀蒂帕舞譜[6]為基底重編這部舞碼的編舞家不勝枚舉，唯因巴蘭欽運化樂舞構思巧妙、處理戲劇勝人一籌，外加美國 CBS 電視網將其編舞的版本搭配故事旁白強力播送🎧，大大提升普及性，促使巴蘭欽之《胡桃鉗》一躍成經典。如今紐約市芭蕾舞團與巴蘭欽曾經客座過的斯卡拉歌劇院早將此版本訂立為固定劇目，不論歲末歡慶或平常時節皆可上演，舞團部門全年近五成收入全靠它支撐，無疑是推動藝術前行的經濟基石！謝幕掌聲把我從胡桃歷史拉回現實的瞬間我不禁輕笑出聲，果然任何形式的行銷最終都回歸人心情感的凝聚，我不也是懷抱年終歡慶的行為模式、送舊迎新的願景期許一看再看《胡桃鉗》嗎？即使迴廊站票讓我一整場倚柱站立，我也未曾萌生提早離開的念頭，因為與所愛之人盼到胡桃鉗

王子與小女孩克拉拉乘著馴鹿雪橇飛去夢幻國度的結局，總是滿足了我渴望來年萬事圓滿的心。

《胡桃鉗》謝幕情景。

下次，還買迴廊站票嗎？

「沒想到義大利人對芭蕾也這麼熱衷！今天高朋滿座哪！」徒步下樓走出戶外的瞬間，先生語帶讚嘆的說。

「義大利人本來就應該熱衷芭蕾吧！芭蕾的起源地就是這裡啊！」我邊回應邊將厚厚的毛線帽往下拉，好讓雙耳不受風寒，接近十點的氣溫顯然又比傍晚降了好幾度。

「芭蕾是起源於義大利？不是法國嗎？妳以前不是說芭蕾的術語都是法語！」先生邊走也邊從口袋抽出毛線帽往頭上套。

「那是由於芭蕾的系統化歸功於能歌善舞的太陽王路易十四！他1661年創辦的『法國皇家舞蹈學院』統整了芭蕾體系，更深深影響日後芭蕾發展的方向，當然，也一代接一代培育出大量優秀舞者，後來赴俄羅斯工作的珀蒂帕便是其一。但別忘了，路易十四年幼失怙，路易十三的英年早逝促使來自義大利的馬薩林樞機主教攝政，對成長中的路易十四潛移默化包括舞蹈在內的各類義大利藝術，還不斷介紹義大利劇場人才到法國宮廷工作。所以當馬薩林主教過世、路易

太陽王路易十四

盧利

十四掌權時，他毫不猶豫雇用佛羅倫斯出生的樂舞全才盧利佐助皇家舞蹈學院的創立，而這手足曼妙的鋒芒，就這麼隨著盧利被法國人奪了過去！」白色霧氣隨話語在寒冬中飄散，彷若時光裡的種種都一直圍繞在我們的身邊一般。

「喔！是這樣啊！不過以後不買迴廊票了，雖然我身高夠高，坐著不站也還能看到部分舞台，可是那筆直的椅背、狹小的空間實在太不舒服！以後沒有正常票就不看了！」先生邊說邊彎頭伸背，企圖鬆開僵硬了一個多小時的肌肉關節。

　　「趕緊回公寓洗熱水澡、喝杯在市集買的薰衣草茶就好了！」我挽起先生的手，快步朝地鐵的方向走去……。

　　儘管有了這次的經驗，迴廊站票不會再是我們的選擇，但這就是旅行的真諦。旅行是人生的縮影，每段經歷無論是奇妙、奇異，甚或奇怪，都會給予我們不同的視角與體會，也都會成為將來的判準和指標，這是旅行奧義之幽微，也是旅行給我們的縮時成長機會，這一夜的《胡桃鉗》即使不盡完美，卻絕對是另類難忘的耶誕佳節！🐾

左圖：賞劇完畢已是晚上 10 點多，艾曼紐二世迴廊依舊人潮眾多。
右圖：停留米蘭時住宿的公寓，推開木製大門後別有洞天，鐵門上的燈光給遊子們回家的感覺。

🎧 影音欣賞：

1. 女僕柳兒遺體被抬離舞台的送葬曲〈柳兒……好心腸！柳兒……多善良！〉

2. 如何演奏棘輪

3. CBS 電視網 1958 年製播的巴蘭欽版本《胡桃鉗》

影音連結：https://pse.is/3llgks

注釋

1. 新冠肺炎之後，歌劇院為限制觀眾人數，暫時停止銷售迴廊站票，或許要等到世界疫情得到更妥善的控制，迴廊站票才會恢復販售。

2. 「蟲洞」是借用科學界「宇宙中可能存在連接兩個不同時空的狹窄隧道」的概念來譬喻我們與歌劇古文物在爬梯過程裡的相遇。

3. 更多關於普契尼寫柳兒的故事，請閱讀連純慧《那些有意思的樂事》〈未竟的茉莉之歌〉一文。

4. 歌劇《約蘭塔》是柴可夫斯基與弟弟莫德斯特（Modest Ilyich Tchaikovsky, 1850-1916）聯手完成的作品。莫德斯特寫詞，柴可夫斯基譜曲。講述天生眼盲的南法公主約蘭塔，歷經困難克服黑暗，最終在一位帥氣騎士和高明眼科醫生幫助下重見光明、獲得愛情的故事，與芭蕾童話《胡桃鉗》同時同場問世，最初甚至享有比《胡桃鉗》更高的聲響。

5. 今天許多俄國劇院上演《睡美人》時，依舊將最初指揮家德里戈刪除的間奏保留其中，以示對作曲家柴可夫斯基的尊敬，特此說明。

6. 音樂有「樂譜」、芭蕾有「舞譜」，編舞家將動作以圖畫的方式記錄在舞譜中，好讓舞者理解詮釋。優越的舞譜看起來甚至如同畫作般美麗，是無尚的視覺宴饗。

曾經擁有任何耶誕節欣賞《胡桃鉗》的經驗嗎？或者，是否盼
望未來某個耶誕夜與心愛的家人朋友共賞芭蕾《胡桃鉗》呢？
請藉文字書寫祈願平安佳節。

附錄 名詞對照

三畫 - 四畫

小提琴博物館	Museo del Violino
大都會酒店	Hotel Metropole
切利尼	Benvenuto Cellini, 1500-1571
切爾克蒂	Anita Cerquetti, 1931-2014
方濟各·蒙特	Francesco Maria del Monte, 1549-1627
尤利西斯	Ulixes
尤洛夫斯基	Michail Jurowski, 1945-
孔奇利亞侯爵	Il Marchese della Conchiglia
比通托	Bitonto
內里	Giulio Neri, 1909-1958
巴里	Puglia, Bari
巴貝里尼宮	Palazzo Barberini
巴列齊	Antonio Barezzi, 1787-1867
巴爾巴亞	Domenico Barbaia, 1777-1841
巴爾特扎·丹納	Balthasar Denner, 1685-1749
巴靈頓律師	Daines Barrington, 約 1727-1800
巴蘭欽	George Balanchine, 1904-1983
巴蘭欽瓦澤	Meliton Balanchivadze, 1862-1937
巴黎波旁宮國民議會圖書館	Bibliothèque de l'assemblée nationale palais bourbon paris
《日耳曼》	*Germania*
《山羊報》	*Il Pungolo*
《尤利西斯與賽蓮們》	*Ulysses and the Sirens*
《切齊娜，一位好姑娘》	*La Cecchina, ossia La buona figliuola*

五畫

白朗寧	Robert Browning, 1812-1889
史考特男爵	Sir Walter Scott, 1771-1832
瓦列西	Felice Varesi, 1813-1889
瓦萊劇院	Teatro Valle
瓦特豪斯	John William Waterhouse, 1849-1917
瓦賽里	Virginia Vasselli, 1809-1837
瓦薩里	Giorgio Vasari, 1511-1547
瓦倫提尼安三世皇帝	Flavius Placidus Valentinianus, 419-455
弗利	Forlì
弗朗西斯	Francis II of France, 1544-1560

弗謝沃洛日基	Ivan Vsevolozhsky, 1835-1909
弗雷妮	Mirella Freni, 1935-2020
弗朗凱第	Alberto Franchetti, 1860-1942
皮亞琴察	Piacenza
皮齊尼	Niccolò Piccinni, 1728-1800
皮拉齊尼	Miriam Pirazzini, 1918-2016
尼可拉	Nicola Amati, 1596-1684
尼科洛・布索蒂	Nicolò Bussotti
布拉諾島	Burano
布塞托	Busseto
布魯克林音樂學院	Brooklyn Academy of Music
卡拉絲	Maria Callas, 1923-1977
卡托內	Salvatore Cottone, 生卒年不詳
卡拉瓦喬	Michelangelo Merisi da Caravaggio, 1571-1610
卡塞第	Iacopo Cassetti, 生卒年不詳
卡斯特拉尼	Renato Castellani, 1913-1985
卡米洛・博伊托	Camillo Boito, 1836-1914
卡羅素	Enrico Caruso, 1873-1921
卡蜜拉	Camilla Calicchio,1653-1728
卡法雷利	Caffarelli, 1710-1783
卡塔尼亞	Catania
卡羅琳娜皇后	Maria Carolina d'Austria, 1752-1814
卡拉拉藝術設計學院	Accademia Carrara

六畫

米開朗基羅廣場	Piazza Michelangelo Buonarroti
合唱的女兒	Le figlie di Choro
艾曼紐二世迴廊	Galleria Vittorio Emanuele II
托爾切洛島	Torcello
托斯卡尼尼	Arturo Toscanini, 1867-1957
西法里耶洛	Filippo Cifariello, 1864-1936
西蒙・邁爾	Johann Simon Mayr, 1763-1845
伊達歌	Elvira de Hidalgo, 1891-1980
伊莉莎白・白朗寧	Elizabeth Barrett Browning, 1806-1861
伊莉莎白一世	Elizabeth I of England, 1533-1603
安娜・吉羅	Anna Girò, 約 1710 年生 - 卒年不詳
安娜・瑪莉亞	Anna Maria della Violino, 1696-1782
安德烈亞・阿皮亞尼	Andrea Appiani, 1754-1817
安德雷亞・阿馬蒂	Andrea Amati, 1505/1510-1577

彼德魯喬‧阿西西	Fra' Petruccio d'Assisi, 生卒年不詳
奇馬羅薩	Domenico Cimarosa, 1749-1801
孟德爾頌	Felix Mendelssohn, 1809-1847
芭畢耶里 - 尼尼	Marianna Barbieri-Nini, 1818-1887
林肯‧柯爾斯坦	Lincoln Kirstein, 1907-1996
亞科瓦奇	Vincenzo Jacovacci, 1811-1881
亞拉里克一世	Flavius Alaricus I, 約 370-410
波修瓦劇院	The Bolshoi Theatre
波爾蒂尼	Giovanni Boldini, 1842-1931
法王亨利二世	Henry II of France, 1519-1559
法拉斯基	Gianluca Falaschi, 出生年份未公開
法國皇家舞蹈學院	Académie Royale de Danse
帕拉底歐	Andrea Palladio, 1508-1580
帕爾馬	Parma
帕伊謝洛	Giovanni Paisiello, 1740-1816
帕爾曼	Itzhak Perlman, 1945-
帕德爾諾蓬基耶利	Paderno Ponchielli
帕爾馬公國	Il Ducato di Parma, Piacenza e Guastalla, 由於領地涵蓋皮亞琴察和瓜斯塔拉，完整稱號為「帕爾馬、皮亞琴察和瓜斯塔拉公國」。
拉文納	Ravenna
拉納里	Alessandro Lanari, 1787-1852
拉斐爾	Raffaello Sanzio, 1483-1520
拉布拉什	Luigi Lablache, 1794-1858
拉德瓦諾夫斯基	Sondra Radvanovsky, 1969-
拉美莫爾丘陵	Lammermuir Hills
拉維尼亞	Vincenzo Lavigna, 1776-1836
阿法諾	Franco Alfano, 1875-1954
阿提拉	Attila, 約 406-453
阿奎萊亞	Aquileia
阿提拉王座	Trono di Attila
阿布德拉札可夫	Ildar Abdrazakov, 1976-
阿里格‧博伊托	Arrigo Boito, 1842-1918
阿爾馮斯‧卡爾	Alphonse Karr, 1808-1890
《阿格麗萍娜》	*Agrippina*
《阿德森與薩維尼》	*Adelson e Salvini*
《阿爾巴公爵》	*Le duc d'Albe*
《阿爾巴的阿斯卡尼歐》	*Ascanio in Alba*
《阿提拉和他的野蠻部屬踐踏義大利與藝術》	
	Attila suivi de ses hordes barbares foule aux pieds l'Italie et les Arts

十畫

退休音樂家之家	Casa di Riposo per Musicisti, 簡稱 Casa Verdi「威爾第之家」
海因里希・康里德	Heinrich Conried, 1855-1909
海倫・康寧・華頓	Helen Corning Warden, 1878-1960
茱蒂塔・帕斯塔	Giuditta Pasta, 1797-1865
倫巴底 – 威尼托王國	Regno Lombardo-Veneto, 1815-1866
格麗希	Giulia Grisi, 1811-1869
迴廊站票	Ingressi di galleria
核桃音樂劇院	Walnut Street Theatre
柴可夫斯基	Pyotr Ilyich Tchaikovsky, 1840-1893
夏爾・佩羅	Charles Perrault, 1682-1703
紐約市芭蕾舞團	New York City Ballet, 簡稱 NYBC
馬斯康尼	Pietro Mascagni, 1863-1945
馬利奧・蘭沙	Mario Lanza, 1921-1959
馬耶拉聖伯多祿教堂	Chiesa di San Pietro a Majella
馬里諾宮	Palazzo Marino
馬托格里奧	Nino Martoglio, 1870-1921
馬利歐	Giovanni Mario, 1810-1883
馬林斯基劇院	Mariinsky Theatre
馬薩林樞機主教	Giulio Mazzarino, 1602-1661
〈時光之舞〉	*Danza delle ore*
《埃爾納尼》	*Ernani*
《納布科》	*Nabucco*
《馬克白》	*Macbeth*
《海盜》	*Il pirata*
《唐・帕斯夸雷》	*Don Pasquale*
《茱蒂塔的勝利》	*Juditha triumphans*
《茱蒂塔與赫羅弗尼》	*Giuditta e Oloferne*
《馬利諾・法利耶羅》	*Marino Faliero*
《格林威治條約》	*Treaty of Greenwich*

十一畫

荷林塞	Raphael Holinshed, 1529-1580
涼棚路	Via della Pergola
勒朗科來	Le Roncole
曼圖亞	Mantua
國立現當代藝術美術館	Galleria nazionale d'arte moderna e contemporanea
莫里諾	Nemorino
教皇國	Lo Stato Pontificio

斯柯第男爵夫人　　　　Baronessa Scotti, 本名 Giovannina Basoni, 生卒年不詳
斯特拉第瓦里博物館　Museo stradivariano
斯圖亞特王朝　　　　The House of Stuart
〈就在我征服之心不可一世時〉　　*Mentre gonfiarsi l'anima.*
〈備妥心底的火炬與毒蛇〉　　*Armatae face et anguibus*
《量・度》　　　　*Measure for Measure*
《猶太女》　　　　*La Juive*
《喬治桑與蕭邦》　　*George Sand et Frédéric Chopin*

十三畫

塔多利尼　　　　　Eugenia Tadolini, 1808-1872
愛德華　　　　　　Edward VI of England, 1537-1553
慈善音樂學校　　　Lezioni Caritatevoli di Musica
達・蓬特　　　　　Lorenzo Da Ponte, 1749-1838
路庫里厄　　　　　Jacques-Joseph Lecurieux, 1801-1870
詹姆士五世國王　　James V of Scotland, 1512-1542
詹姆士六世國王　　James VI of Scotland and James I of England, 1566-1625
塞拉芬　　　　　　Tullio Serafin, 1878-1968
塞納河畔伊夫里　　Ivry-sur Seine
路易十三　　　　　Louis XIII, 1601-1643
路易十四　　　　　Louis XIV, 1638-1715
路易・腓力　　　　Louis Philippe I, 1773-1850
董尼采第　　　　　Gaetano Donizetti, 1797-1848
董尼采第歌劇院　　Teatro Donizetti
董尼采第博物館　　Museo Donizettiano
董尼采第音樂節　　Festival Donizetti
聖良一世　　　　　Papa Leone I, 約 390-461
聖卡洛歌劇院　　　Teatro di San Carlo
聖母百花聖殿　　　Cattedrale di Santa Maria del Fiore
聖伯納隧道　　　　Col du Grand-Saint-Bernard, 即「大聖伯納山口」
聖瑪利亞痛苦之母堂　Chiesa della Pietà - Santa Maria della Visitazione
聖喬治馬焦雷聖殿　Basilica di San Giorgio Maggiore
聖馬可水道　　　　Il bacino San Marco
聖喬凡尼教堂　　　Chiesa Parrocchiale di San Giovanni in Bragora
聖安傑洛劇院　　　Teatro San Angelo
聖湯瑪斯教堂　　　Thomaskirche, Leipzig
聖瑪利亞門路　　　Via Santa Maria alla Porta
聖阿格塔莊園　　　Villa Sant'Agata
聖塔・羅莎修道院　Conservatorio di Santa Rosa da Lima, Salerno

德雷克魯茲　　　　Étienne-Jean Delécluze, 1781-1863
德里戈　　　　　　Riccardo Drigo, 1846-1930
《暮光之城三景》　正式名稱為《夜曲》, *Nocturnes, L. 91, CD. 98*
《蓬都王密特里達特》　*Mitridate, re di Ponto*

十六畫
霍諾留　　　　　　Honorius, 384-423
霍夫曼　　　　　　E. T. A. Hoffmann, 1776-1822
盧利　　　　　　　Jean-Baptiste Lully, 1632-1687
《盧克雷齊亞・波吉亞》　*Lucrezia Borgia*

十七畫
韓德爾　　　　　　George Frideric Handel, 1685-1759
〈謝謝，親愛的朋友們〉　*Mercè, dilette amiche*
〈賽蓮們〉　　　　*Sirènes*
《薛西斯》　　　　*Serse, HWV 40*
《聯隊之花》　　　*La Fille du Régiment*

十八畫
藍綠松石憐憫教會　Chiesa della Pietà dei Turchini

十九畫
麗都　　　　　　　Lido di Venezia
藝術大道　　　　　The Avenue of the Arts
羅伯特・蓋茨比　　Robert Catesby, 1572-1605
羅納德・匹克普　　Ronald Pickup, 1940-
羅森布拉特音樂會　Rosenblatt Recitals
羅森布拉特律師　　Ian Rosenblatt, 1959-
羅西尼　　　　　　Gioachino Rossini, 1792-1868
羅馬尼　　　　　　Felice Romani, 1788-1865
羅馬罷演事件　　　Rome Walkout

二十畫
蘇菲・羅威　　　　Sophie Löwe, 1815-1866
《騰達的比阿特麗切》　*Beatrice di Tenda*

國家圖書館出版品預行編目 (CIP) 資料

樂遊義大利:跟著歌劇去旅行 / 連純慧作. --
初版 . -- 臺北市 : 連純慧 , 2021.12
面; 公分
ISBN 978-957-43-9362-6 (平裝)

1. 遊記 2. 旅遊文學 3. 義大利
745.09   110016209

樂遊義大利：跟著歌劇去旅行

作者	連純慧
總編輯	姜怡佳
美術編輯	德馨慧創
校稿	林大正
攝影	連純慧　姜怡佳
圖片授權	Shutterstock, Freepik, Spikebrennan, Pipjohn, Baku, Paolo Villa, Ethan Doyle White, Ptr11
發行人	姜怡佳
出版	連純慧
地址	100 台北市中正區鎮江街 7 號 3 樓之 4
電話	(02) 2321-7680
網址	https://blog.fluteliza.idv.tw
電子信箱	collin.chia@gmail.com
法律顧問	智呈國際法律事務所 謝富凱律師
著作權顧問	謝富凱律師
經銷代理	白象文化事業有限公司
	412 台中市大里區科技路 1 號 8 樓之 2 （台中軟體園區）
	出版專線: (04) 2496-5995　傳真: (04) 2496-9901
	401 台中市東區和平街 228 巷 44 號 （經銷部）
	購書專線: (04) 2220-8589　傳真: (04) 2220-8505
印刷	基盛印刷工場

初版一刷: 2021 年 12 月
定價: 新台幣 450 元
ISBN: 978-957-43-9362-6